BIBLIOTHÈQUE INSTRUCTIVE

L'HOMME BLANC AU PAYS DES NOIRS

BIBLIOTHÈQUE INSTRUCTIVE

L'HOMME BLANC
AU PAYS DES NOIRS

PAR

Jules GOURDAULT

OUVRAGE
ILLUSTRÉ DE 70 GRAVURES SUR BOIS

PARIS
LIBRAIRIE FURNE
JOUVET ET Cie, ÉDITEURS
5, RUE PALATINE, 5

1885
Tous droits réservés.

L'HOMME BLANC

AU PAYS DES NOIRS

CHAPITRE Ier

PRÉLIMINAIRES HISTORIQUES. — LES RIVAGES DE L'ANTIQUE LIBYE. — LA CONQUÊTE MUSULMANE ET LA RACE PRIMITIVE DES BERBÈRES.

I

Le premier essai de géographie, a écrit Strabon, se trouve dans Homère (1). L'*Iliade* et l'*Odyssée* contiennent en effet un aperçu de la terre alors « habitée ». Cet univers est loin d'embrasser tout le bassin de la Méditerranée et de la mer Noire. L'Asie Mineure, la Grèce, les îles Ioniennes, la Trinacrie (Sicile) et l'Egypte composent la partie éclairée du tableau ; le reste demeure dans

---

(1) Ὅμηρος πρῶτος ἐτόλμησε γεωγραφῆσαι (livre Ier). — Strabon le Cappadocien naquit vers l'an 50 avant notre ère. Ajoutons ici, pour mémoire, que les documents les plus anciens concernant la science géographique sont les inscriptions égyptiennes et assyriennes, puis le chapitre dixième de la Genèse et les notions consignées dans la dernière partie du *Pentatheuque*.

une vague pénombre. Passé le détroit de Messine, le divin Ulysse semble se perdre au pays des mythes, et ses récits n'ont plus de précision. Ses Ethiopiens ou Erembes (gens qui habitent sous terre, Troglodytes) nous apparaissent comme des êtres à demi fabuleux, et l'on ne sait au juste où l'on doit placer l'île de Circé, celle de Calypso, et le royaume du géant Polyphème.

C'est que les narrations et les peintures du vieux poète se rapportent à une époque où les reines tissaient de leurs mains les vêtements de leurs époux, où les princesses, filles de Priam ou d'Alcinoüs, lavaient leur linge sur la berge, où les fils de roi gardaient les troupeaux de leurs pères, où les monarques eux-mêmes fabriquaient les meubles et les ustensiles destinés à leur intérieur. En ce temps-là, les navigations se faisaient au moyen de barques à rames munies d'un seul mât central. Sitôt que ces esquifs, que guidait une astronomie encore enfantine, s'aventuraient à quelque distance des côtes, les pilotes perdaient toute orientation, et c'est ainsi que le fils de Laërte a pu errer pendant plus de neuf ans sur des mers que nos paquebots parcourent aujourd'hui en quelques jours.

Eratosthène nous apprend que la première carte géographique fut dressée, au vi[e] siècle avant Jésus-Christ, par Anaximandre, un des disciples de Thalès de Milet. Un peu plus tard, Hérodote, l'ancêtre lointain de nos explorateurs, entraîné par le désir de s'instruire, quitte tout jeune Halicarnasse, sa patrie, une ville alors sujette du Grand Roi, se rend en Egypte, la terre sacro-sainte, remonte le Nil jusqu'à Eléphantine (première cataracte), et, après avoir parcouru la Libye, la Phénicie, la Babylonie, rentre chez lui par le Pont-Euxin. De ce voyage, complété par des excursions ultérieures, sort l'ouvrage étonnant que l'on sait, quelque chose comme « le récit de Marco Polo, doublé de la Chronique de Joinville et des Contes des Mille et Une

ARABE.

Nuits (1) ». C'est dans cette gigantesque histoire qui, d'un bout à l'autre, a couleur d'épopée, que sont pour la première fois dénombrées, de Thèbes aux Colonnes d'Hercule, les peuplades habitant la côte nord de l'A-

(1) A. Pierron, *Histoire de la littérature grecque.*

frique, ou plutôt de la *Libye,* ainsi nommée de la race primitive que, mille ans déjà avant notre ère, les Phéniciens avaient trouvée dans le pays lorsqu'ils y fondèrent la ville d'Utique.

L'historien Polybe, postérieur de deux siècles et demi, ne désigne également l'Afrique que sous le nom de Libye. Ses récits embrassent, on le sait, la période qui s'écoule entre le commencement de la seconde guerre punique et la défaite de Persée. Avant cette époque, nous dit-il (1), « les événements du monde étaient comme disséminés ; mais, à partir de là, l'histoire forme une sorte de corps ; les faits qui se passent en Afrique s'enchaînent à ceux dont l'Italie est le théâtre. » Aussi lorsque, deux cents ans plus tard, Strabon, dans sa *Géographie,* nous donne à son tour la nomenclature des nations occupant le nord de l'Afrique, les choses apparaissent-elles bien changées. Carthage est réduite en province romaine sous le nom de *Carchedonia* ; son empire, bien autrement vaste que celui de l'antique Phénicie, sa civilisation toute mercantile avaient disparu, selon le mot de Michelet, comme une étoile qui file dans l'espace. « Le périple d'Hannon, quelques médailles, une vingtaine de vers dans Plaute, » voilà tout ce qui nous en reste.

L'an 33 avant le Christ, la Mauritanie subit aussi le joug ; treize années auparavant, l'ancien pays des Garamantes, situé, nous dit le géographe grec, à quinze jours de l'oasis d'Ammon (désert libyque), s'était vu annexé à l'Empire romain sous le nom de *Phasania.* Cette dernière province, le Fezzan turc, soumise par Cornelius Balbus, renfermait, au rap-

---

(1) Livre 1er, chap. III.

port de Pline le Jeune, un certain nombre de localités importantes : Cydamus (peut-être la Ghadamès d'aujourd'hui), Cillaba, Aldela, et enfin Garama, la bourgade actuelle de Djerma, sise dans l'*oued* fezzanais de Gharbi, et qui resta le chef-lieu du pays (1). Il y eut encore par la suite plusieurs expéditions, dont l'une, conduite par Julius Maternus, pénétra jusqu'aux régions situées au-dessous du Fezzan. Il ne semble pas néanmoins que les Romains aient poussé jusqu'au Soudan, quoique certains produits de cette zone leur arrivassent par l'intermédiaire des habitants de la Phasania.

Surviennent les Vandales (ve siècle,) qui mettent fin à la domination romaine en Afrique; moins de cent ans après, ils sont eux-mêmes chassés par les Byzantins. Toutefois ces révolutions n'affectent que le littoral nord. Les pays du désert, pauvres et mal peuplés, n'y jouent aucun rôle; l'histoire du moins se tait sur leurs destinées. Seule, l'invasion mahométane influe d'une façon effective sur certains districts intérieurs. On sait que les Ommiades, après avoir fondé dans la Tunisie actuelle la ville de *Kaïrowan* (Kérouan), s'emparèrent en 704 de Carthage et prirent définitivement possession du pays, soumettant au tribut les montagnards de l'Atlas, que les successeurs de Bélisaire n'avaient jamais pu réduire. Le Fezzan, lui aussi, conquis par un lieutenant d'Omar, deuxième suc-

(1) Quelques restes de constructions en pierres énormes d'un grès rouge qu'on tirait tout près de là des montagnes d'Amsa (dégradation orientale des plateaux qui s'appuient aux massifs volcaniques de l'Hoggar) attestent encore, de nos jours, dans l'antique Garama, la domination des maîtres du monde. Ajoutons que la route de Tripoli à Sokna et à Mourzouk est jalonnée de débris de murailles, de digues et de castels romains.

cesseur du Prophète, fut rattaché à l'empire des Califes, empire un moment plus vaste que celui d'Alexandre, mais qui devait bientôt se démembrer.

II

Qu'étaient devenus, sous ces invasions successives les habitants primitifs des rivages méditerranéens de l'Afrique? Les peuplades que les Egyptiens, les Phéniciens, puis les Grecs et les Romains désignaient sous diverses appellations, selon la place qu'elles occupaient entre le Nil et l'Atlantique (1), n'étaient autres que les Berbères (*Barbari*), dont le nom, *Berâberata*, se retrouve dans de vieilles inscriptions pharaoniques en plusieurs parties de la vallée du Nil. Selon les savants arabes, ils seraient venus, à une époque reculée, de l'Yémen ou de la Syrie, et se rattacheraient à Goliath et aux Philistins; l'historien Ibn Kaldoun (2) assure même tout bonnement qu'ils descendent de Chanaan, fils de Cham et petit-fils de Noé. En Kabylie, d'autre part, se raconte volontiers de nos jours la légende qui suit.

« Aux premiers âges du monde, un roi géant régnait en Arabie sur une vaste contrée montagneuse, quand survint, menaçant, le prophète Moïse, qui guidait les Hébreux à la recherche de la Terre Promise. Devant les envahisseurs, plus nombreux que les sables de la

---

(1) *Libyens*, du punique ou de l'hébreu *Libahim*; *Numides*, du grec *Nomades*, pasteurs; *Maures*, du punique *Mahourim*, hommes de l'Occident (*Maghreb*), établis au sud du détroit de Gadès, etc.

(2) *Histoire des Berbères,* traduite de l'arabe par le baron Slane. Alger, 1847.

mer, le monarque résolut de s'enfuir en emportant son montueux empire sur ses épaules. Il partit à la faveur de la nuit ; au jour naissant, ses pas de Titan l'avaient déjà conduit à des centaines de lieues de l'Arabie, quand, épuisé de fatigue, il se laissa tomber. Dans sa chute, la montagne qu'il portait l'écrasa sous son poids, et de l'énorme cadavre naquit la race qui habita désormais le pays. »

La légende ajoute que la montagne en question se retrouve dans le *Djurdjura*, le massif le plus élevé de cette chaîne kabylienne, qui commence à vingt lieues d'Alger, et commande l'ex-Mauritanie des Romains.

Sans insister sur ce problème ardu d'origines, nous pouvons constater que le gros du peuple berbère, même au temps de la toute-puissance romaine, sut maintenir en partie son indépendance, et, réfractaire aux influences de la civilisation, continuer son train de vie pastorale ou demi-agricole. Bien que la domination de la grande métropole se fût étendue à toute la région qui enveloppe la Grande-Kabylie, les tribus de la montagne ne furent jamais réduites d'une manière effective. La plaine même, la province vassale, avait d'éternels soubresauts de révolte. Le seul mot de Mauritanie n'évoque-t-il pas des figures demeurées classiques, grâce au livre de Salluste : Massinissa, Micipsa, Juba, Jugurtha ? Salluste, pour écrire son histoire, avait, on le sait, parcouru en tous sens les contrées étranges où elle nous transporte, compulsant les manuscrits puniques, recueillant les vieilles traditions numides. Et il semble, à lire le récit de cette épopée latino-barbare, que l'on assiste à maint épisode du drame guerrier accompli, dix-huit siècles plus tard, au profit d'une autre nation conquérante, dans ces mêmes parages brûlés du soleil. Quand Marius a reçu le commandement de l'armée d'Afrique, il commence la guerre en brûlant les villes et en tuant les prison-

KABYLE.

niers; mais Jugurtha, tantôt attaquant, tantôt s'enfonçant dans le désert, reste insaisissable, comme le fut longtemps Abd-el-Kader; finalement, il faut que Bocchus, un autre prince numide, le livre aux Romains.

Contre les Byzantins, les Berbères soutinrent également des luttes acharnées que nous connaissons moins parce qu'il ne s'est pas rencontré un second Salluste pour les célébrer. L'invasion même des Arabes islamisés ne put que morceler, sans la détruire, leur vivace nationalité. Des fractions importantes de la peuplade, abandonnant les rivages de la Méditerranée, allèrent s'établir dans les grandes oasis de l'intérieur que, de tous temps d'ailleurs, leur race avait dû occuper, et où nous retrouverons plus tard, sous le nom de *Touareg*, leurs douars errants. Quant aux autres tribus, loin de s'effacer dès l'abord devant les conquérants sémites, ils entament avec ceux-ci une rivalité qui ne cesse qu'en 770.

A cette date, les Arabes triomphants font enfin reconnaître dans tout le Maghreb l'autorité des souverains de Bagdad. Néanmoins, sous les kalifes suivants, les Berbères ne cessent de s'insurger, si bien que le fameux Haroun-al-Raschid prend le parti de renoncer à son pouvoir temporel en Afrique pour n'y garder que la suzeraineté spirituelle en qualité de Commandeur des Croyants. Dès lors, l'Afrique a, comme l'Espagne, sa dynastie indépendante, celle des Aglabites (1). Sous ces princes, qui règnent plus d'un siècle, s'opère la fusion partielle des Arabes et des Berbères du Maghreb; mais des divisions ne tardent pas à se produire aussi de ce côté. Un Alide, Idris, s'empare de Tlemcen, établit la domination des Edrissites, et fonde une nouvelle capitale, la ville de Fez (Maroc) qui devient par la suite l'entrepôt d'un vaste commerce.

Ce sont, rappelons-le au passage, les riverains de la côte barbaresque qui, par leurs expéditions maritimes

---

(1) Ou descendants d'El-Aglab, 800.

doublées de pirateries, ont inspiré à l'Europe une si grande terreur sous le nom de Sarrasins. Quand, au XIIIe siècle, à l'époque légendaire du Cid, les Chrétiens d'Espagne engagent la lutte contre les Ommiades, maîtres de la péninsule ibérique, les tribus les plus guerrières du Maghreb ne manquent pas de passer le détroit pour secourir leurs frères menacés ; mais leurs efforts ne peuvent arrêter les victoires des Chrétiens, qui se serrent de plus en plus les uns contre les autres. En Afrique même, d'ailleurs, les morcellements vont se multipliant (Tunis, Maroc, Alger) ; puis un peuple de race scythique, converti dès le Xe siècle à l'Islamisme, et dont la puissance était, entre temps, devenue formidable, les Turcs, puisqu'il faut les appeler par leur nom, s'emparent des Etats barbaresques, en attendant qu'ils fassent main basse sur l'Egypte. Le Maroc seul devait garder toujours son indépendance.

C'est en vain que Charles Quint, au XVIe siècle, emporte la Goulette et arrache de Tunis dix mille esclaves chrétiens ; c'est en vain que plus tard, Louis XIV, puis Louis XV, font bombarder Tripoli et Alger : les actes de piraterie se renouvellent sans cesse jusqu'au jour (5 juillet 1830) où l'occupation d'Alger par la France vient mettre un terme à un état de choses aussi dommageable qu'odieux. Quelques mois après, Bône, Oran, le pays entre l'Arrach, la Metidja, le Mazafran et la mer, nous appartenaient.

Comment s'acheva peu à peu la prise de possession de la contrée, on n'a pas à le raconter ici. Rappelons seulement qu'à la chute du gouvernement de juillet, la France avait poussé ses conquêtes jusqu'à la frontière septentrionale du Sahara algérien ; mais, dans les limites mêmes de la zone englobée, un puissant noyau de Berbères, les *Kébaïls* c'est-à-dire les *tribus*, — nom que les Arabes leur avaient donné et que

CHARLES-QUINT

nous leur avons conservé dans celui de *Kabyles* — continuaient de défier l'effort de nos armes. Ainsi rentraient en scène, à la dernière heure, comme une sorte d'arrière-ban de la fière race aborigène de la côte libyque, les petits-fils de ceux qui, aux jours quasi fabuleux du monde, avaient donné tant de peine aux rois Ramessides d'Égypte, qui, plus tard, aux premiers siècles de notre ère, avaient opposé une si vive résistance aux Romains, et plus tard encore, lors de l'invasion sémitique, s'étaient groupés, irréconciliables, autour de la prophétesse Kaïna. Retranchés dans les massifs presque inaccessibles du Djurdjura, du Dahra, de l'Aurès, — la terre ennemie, *el Adoua*, comme disaient les Arabes, le mont bardé de fer, *mons ferratus*, comme l'appelaient les Romains, — ils avaient conservé à travers les siècles leurs mœurs, leur idiome national, leur organisation toute fédérative où le village (*Dechra*) constituait l'unité politique et indépendante. Par l'entremise pacifique des marabouts, les Arabes avaient bien pu les convertir à l'Islam; mais jamais ils n'avaient réussi, non plus que les Turcs après eux, à les subjuguer. La France a été, semble-t-il, plus heureuse, quoique cette conquête de la Kabylie lui ait coûté près de dix années d'efforts et de luttes; aussi, le jour où les Berbères ont vu flotter définitivement le drapeau tricolore sur leurs cimes, n'ont-ils pu retenir le cri de saisissement qui éclate dans le chant Kabyle : « Les Français sont un grand peuple; ils sont montés là-haut... L'Alger des *Zouaouas* (1) est tombée; ce qui arrive aux *Aït-Iraten* (2) ne s'est pas vu depuis le commencement du monde. »

Reste à opérer, si c'est chose possible, la conquête morale, qui seule donnera vertu et sanction au triomphe de la force guerrière.

(1) Les *Zouaouas* avaient la réputation d'être les meilleurs fantassins de la régence d'Alger. De là, le nom de *zouaves* appliqué en 1830 aux deux premiers bataillons de cette troupe d'élite, composés originairement de soldats indigènes avec des cadres français.
(2) La plus grande confédération du Djurdjura.

CHAPITRE II

PREMIÈRES DÉCOUVERTES. — A LA RECHERCHE DES SOURCES DU NIL. — L'AFRIQUE ÉQUATORIALE. — LE COURS DU CONGO. — LE PLATEAU DES GRANDS LACS.

I

Le devant de la scène appartient ici à ces vastes régions de l'Afrique dont les anciens ne soupçonnaient pas l'existence, que les modernes eux-mêmes n'ont commencé à étudier sérieusement que d'hier, et qui sont demeurées jusqu'à ce jour en dehors des courants de civilisation. Ce monde isolé et clos, l'Europe n'en a eu la première révélation vague qu'au XVe siècle de notre ère. Jusqu'à cette époque, le trafic n'avait d'autres routes d'eau que la Baltique, les grands fleuves d'Allemagne, desservies par la Hanse, la Méditerranée et ses mers annexes que parcouraient les navires de Venise, Gênes, Barcelone, Marseille. La géographie et l'astronomie, très développées chez les Arabes, qui déjà nous avaient apporté la boussole, instrument indispensable aux marins (*marinette*), étaient à peu près ignorées chez nous.

La péninsule ibérique la première se trouve initiée à ces sciences nouvelles, et c'est le Portugal, situé au seuil occidental de l'Europe, qui inaugure le grand mouvement de découvertes. A l'instigation de l'Infant Don Henri, surnommé le Navigateur, ses hardis pilotes

CHRISTOPHE COLOMB.

s'élancent sur les mers. Ils longent le littoral ouest de l'Afrique, doublent les caps Boïador et Vert, découvrent les Canaries, les Açores, le Sénégal, la Guinée, les côtes du Congo et le pays des Hottentots. Chemin faisant, ils voient, à leur grande surprise, la voûte céleste changer de décoration et se peupler d'astres inconnus.

C'était en 1484. Deux ans plus tard, Barthélemy Diaz arrivait au promontoire sud de l'Afrique. Ici nouvel étonnement. Déjà, on avait pu s'assurer qu'au lieu d'aller en s'élargissant, ainsi que le croyait Ptolémée, le grand continent, au dessous de l'Equateur, s'échancrait au contraire de plus en plus, en infléchissant ses rivages au sud-est; voici que, par surcroît, de sa pointe extrême, semblait s'ouvrir un passage vers l'Asie.

Immédiatement, à ce nom sinistre de cap des Tempêtes (*Cabo tormentoso*), que Diaz avait tout d'abord donné à l'éperon austral de l'Afrique, fut substituée une désignation indiquant les perspectives désormais offertes aux relations de l'Europe et de l'Inde : celle de cap de Bonne-Espérance.

Ce ne fut toutefois que douze ans après (1498) que le terrible promontoire fut doublé par Vasco de Gama, qui reconnut le canal de Mozambique et cingla de la côte de Zanguebar à celle de Calicut, accomplissant ainsi le périple entier de l'Afrique. Dans l'intervalle, Christophe Colomb, voguant à travers les eaux inexplorées de l'Atlantique, avait, on le sait, en cherchant l'Asie, découvert l'Amérique, au profit de l'Espagne. C'était du reste aux deux nations placées en vedettes aux confins maritimes de l'Occident que devait revenir, par moitié, en attendant leur dépossession ultérieure par la Hollande, puis par l'Angleterre, tout ce gigantesque empire colonial. A dix-huit mois de là le Portugais Alvarès Cabral, après s'être aventuré au large à l'ouest du cap Vert, rencontrait la partie de l'Amérique du Sud qui s'avance le plus vers l'Afrique et en prenait possession au nom de son pays : cette côte américaine, c'était le Brésil.

A partir du moment où le continent africain eut été contourné, les navires de Lisbonne particulièrement, se mirent à sillonner la route du cap de Bonne-Espérance ; des comptoirs portugais s'établirent sur les rivages de Sofala et de Mozambique, puis en deçà, sur la côte de Natal, découverte, comme le dit son nom, un 25 décembre, jour de la naissance du Christ, et aux baies Algoa et Delagoa, ainsi appelées parce que l'une et l'autre étaient deux points d'escale habituels des bâtiments portugais qui allaient à Goa ou qui en revenaient. Plus tard, les Anglais, à leur tour, eurent des factoreries sur divers points du littoral ouest.

Ce ne fut pas cependant de ce côté que se porta le principal essor transocéanien de la vieille Europe. Tandis que dans les deux Indes les conquérants s'implantaient solidement au cœur même du pays, l'Afrique, pour son compte, n'était qu'effleurée, et plusieurs siècles devaient s'écouler avant qu'elle ne devînt l'objet d'explorations actives et suivies. C'est que, par sa forme et sa nature même, avec ses côtes brûlantes et grossièrement découpées, ses immenses déserts intérieurs, ses rivières aux estuaires incommodes, ses populations inhospitalières entre toutes, ce grand massif continental, loin d'encourager la curiosité, semblait, au contraire, la repousser.

II

Chose singulière, la première notion d'histoire authentique que nous recevons tout enfants, a trait aux inondations du Nil, et hier encore nous ignorions où étaient les réservoirs supérieurs du grand fleuve, et

CONQUÊTE DE L'ALGÉRIE. — DÉBARQUEMENT DE L'ARMÉE FRANÇAISE A SIDI-FERRUCH.

d'où venait l'afflux périodique de vase où lève, depuis des milliers d'années, la double moisson des blés égyptiens. En revanche, c'est d'une sorte de revirement tardif vers ces hautes régions nourricières qu'est sortie, de nos jours, la rénovation de celle de nos sciences qui est à la fois la plus ancienne et la plus moderne, la géographie. Le branle donné, la terre mystérieuse, attaquée de tous les côtés à la fois, a été à plusieurs reprises percée de part en part. La plupart des fleuves énormes qui l'arrosent ont été l'objet d'explorations hardies et fructueuses; ses déserts, eux aussi, jusqu'alors seulement entrevus, ont été visités de nouveau, quelques-uns même inventoriés dans tous leurs détails. Exposons donc chronologiquement la série de ces investigations.

C'est dans la région équatoriale du continent africain qu'ont été faites depuis trente ans les plus importantes trouées, et c'est aussi par un aperçu des découvertes qui en sont résultées qu'il convient d'entamer l'histoire de ce fécond mouvement géographique, encore aujourd'hui dans son plein, et dont la portée comme le profit ne sauraient dès maintenant se mesurer.

En tête de la petite et glorieuse phalange de pionniers, à laquelle nous devons tant de résultats presque inespérés, figure l'Ecossais Livingstone. Ce fut dans l'Afrique australe, entre le Cap et le Zambèze, où, depuis 1840, il remplissait les fonctions de missionnaire, qu'il se prépara à sa tâche suprême. Non-seulement ses courses apostoliques l'habituèrent au climat régional, le familiarisèrent avec les mœurs et les coutumes des populations indigènes; mais elles lui furent, par surcroît, autant d'occasions de s'exercer aux observations de l'ordre scientifique et astronomique, sans lesquelles il n'est point de voyage entièrement fructueux. Son coup d'essai fut un coup de maître.

Parti du Cap en 1849, il marche au nord, et découvre le lac Ngami, le premier en date de ces vastes bassins intérieurs de l'Afrique, dont, le Tsad excepté, on ne soupçonnait pas alors l'existence. Deux ans après, poussant plus avant, il rencontre le Zambèze, dans un axe du continent où l'on ne se serait pas attendu à le trouver; puis, de là, il gagne Loanda, sur la côte du Congo, et, revenant sur ses pas, atteint Quilimané, sur le canal de Mozambique, après avoir accompli, lui le premier, la traversée entière du continent, d'un rivage à l'autre, et relevé sur une étendue de près de 360 lieues tout le cours moyen du Zambèze, le fleuve le plus considérable de l'Afrique avec le Nil et le Congo. Plus tard (1858—1861), il détermine d'une manière précise le tracé inférieur de la même rivière, et en explore complétement le dernier affluent de gauche jusqu'au lac d'où il sort. Cet affluent, c'était le Schiré, et le lac auquel il sert d'écoulement, c'était le Nyassa ou « Grande Eau », appellation qui se retrouve plus au nord, un peu modifiée en celle de Nyanza. Cette nappe lacustre avait été déjà signalée par de vieilles relations portugaises sous le nom de *Maravi*, qui est celui d'une des principales peuplades de ses bords; mais ce qu'on en savait était si vague, si problématique, que les géographes modernes avaient fini par en effacer la mention de leurs cartes.

Le troisième et principal voyage de Livingstone eut pour but, nous le verrons tout à l'heure, la découverte des sources du Nil.

Depuis l'antiquité, bien des tentatives avaient été faites pour remonter, jusqu'à son courant initial, le fleuve mystérieux de la vieille Egypte, et toujours on avait échoué. En 1857 enfin, on commença d'attaquer la solution du problème, non plus par le nord, mais par le sud-est, de manière à gagner l'équateur à travers les hautes plaines du plateau central. Ce qui acheva de donner l'idée de s'engager par cette voie, c'est que des missionnaires allemands avaient aperçu au loin, par delà les plages de Zanzibar, une immense sommité couverte de neige. Ce relief ne se rattachait-il pas à la légendaire chaîne des monts de la Lune dont parlait Ptolémée? N'étaient-ce pas là les cimes où se cachaient les sources vainement cherchées du grand fleuve? La Société de géographie de Londres résolut d'en avoir le cœur net. Deux officiers de l'armée des Indes, Burton et Speke, furent désignés pour tenter une reconnaissance de ce côté. Ils partirent effectivement de Zanzibar à la fin de 1857, en se dirigeant vers l'ouest. En février 1858, ils arrivèrent à un lac immense : c'était le Tanganika. Voici en quels termes Burton dépeint l'impression que lui fit le premier aspect de la vaste nappe :

« Le 10 février, vers la fin de l'après-midi, l'expédition, n'en pouvant plus, s'arrêta au flanc d'une colline, après avoir traversé un marais. Le ciel, voilé d'un côté de nuées obscures, et de l'autre resplendissant de lumière, nous annonçait un orage; mais à l'horizon apparaissait une rampe azurée dont le soleil dorait la crête, et qui était pour nous ce qu'un phare est au marin en détresse. Le surlendemain nous traversions une forêt peu épaisse; une montagne pierreuse et maigrement boisée fut escaladée à grand'peine. Quand nous eûmes gagné la cime : — « Quelle est cette ligne étincelante que l'on voit là-bas? » demandai-je à Sidi-Bombay. — « C'est de l'eau », répondit-il. La disposition des arbres, le soleil, qui n'éclairait qu'une partie du lac, en réduisaient tellement l'étendue que je me reprochai d'avoir sacrifié ma santé pour si peu de chose, et, maudissant l'exagération des Arabes, je proposai de revenir sur nos pas. Néanmoins, quand je me fus avancé, toute la scène se déploya devant nous, et je tombai dans l'extase.

« Rien de plus saisissant que ce premier aspect du Tanganika, mollement couché au sein des montagnes et se chauffant au soleil d'Afrique. A nos pieds des gorges sauvages, où le sentier dévidait ses spirales, des franges de verdure aux tons vifs; par delà, l'immense coupe agitant ses vagues bleues, et à l'arrière-plan une muraille gris d'acier, coiffée de brumes vaporeuses, détachant sa crête déchiquetée sur un ciel profond, et laissant voir entre ses déchirures des collines qui semblaient submergées. Au-dessous enfin, le territoire et les caps de l'Ougouha, un groupe d'îlots, puis des villages, des champs cultivés, de nombreuses pirogues animant le paysage. »

Burton et Speke longent la rive orientale du lac jusqu'à ce village d'Oudjidji, appelé à servir par la suite de station à tous les autres explorateurs; puis, l'année d'après, Speke, continuant seul vers le nord, atteint la berge méridionale d'un autre bassin gigantesque, une véritable mer intérieure, dont les marchands arabes de la côte lui avaient vaguement signalé l'existence. Cette seconde grande eau (*Nyanza*), c'était l'Oukéréoué, auquel, en l'honneur de la reine d'Angleterre, il donna aussitôt, dans son *loyalisme*, le nom de Victoria.

En 1861, en compagnie du capitaine Grant, il reprend ses investigations et découvre le déversoir de

SPEKE.

l'Oukéréoué, c'est-à-dire le Fleuve Blanc, qui n'était autre que la branche principale du haut Nil. Il n'en peut suivre le cours en entier; mais un autre voyageur, un Anglais encore, Samuel Baker, s'avançant dans le sens inverse c'est-à-dire d'aval en amont, explore (1864) la partie intermédiaire que Speke avait dû laisser de côté, et reconnaît qu'avant de filer au nord vers Gondokoro et Khartoum, le fleuve Blanc, par une courbe à l'ouest, se décharge dans un second lac équatorial, le Mouta-nzigué, que son *loyalisme*, non moins fervent que celui de Speke, baptise incontinent du nom d'Albert Nyanza.

C'est presque au même moment (1865) que Livingstone commence, toujours par le sud, son plus mémorable voyage, celui dont les péripéties émouvantes soulevèrent tant d'émotion en Europe. En mai 1866, on a pour la première fois de ses nouvelles ; puis onze mois s'écoulent sans qu'on entende parler de lui. Enfin, au printemps de 1867, des dépêches arrivées de la côte orientale d'Afrique annoncent que l'infatigable pionnier se trouve sur la rive ouest du Nyassa, s'occupant de relever le tracé de ce lac, et qu'il compte gagner ensuite le Tanganika, de façon à relier ses découvertes à celles de Burton et de Speke, en explorant l'espace qui sépare les deux grands récipients subéquatoriaux. Un nouveau silence de sept mois succède à cette information ; puis tout-à-coup une rumeur sinistre traverse la mer : le docteur, surpris à quelque distance de ses gens, avait, disait-on, été renversé raide mort d'un coup de hache sur la tête.

Tel était du moins le récit fait par Ali Mousa, chef de son escorte. Immédiatement une expédition anglaise, sous les ordres de M. Young, un des anciens compagnons de Livingstone, est chargée d'aller vérifier sur place ce qu'il y a de fondé dans ce bruit. Arrivée aux bouches du Zambèze le 27 juillet, l'expédition entrait le 6 septembre dans le Maravi (Nyassa), et là, elle apprenait que Livingstone poursuivait, plein de santé et de vie, sa course aventureuse au cœur de l'Afrique. Le récit de sa mort n'était qu'un conte imaginé par une partie de ses hommes pour se justifier

LIVINGSTONE.

de l'avoir abandonné au delà du Nyassa. M. Young revint donc sur ses pas, et bientôt son rapport se trouvait confirmé par l'arrivée à Zanzibar d'une caravane d'indigènes affirmant avoir rencontré « l'homme blanc tout là-bas », sur la route du Tanganika. Effectivement, on finit par recevoir de Livingstone lui-même des lettres datées du 2 février 1867. On eut encore de ses nouvelles en décembre de la même année, puis au mois de juillet de l'année suivante. A cette dernière date, il se trouvait près d'un nouveau lac, le Bangouéolo, découvert par lui à dix journées au sud-ouest du Tanganika (1).

Jamais l'explorateur n'avait paru animé de plus d'ardeur et de confiance. Il croyait avoir découvert définitivement les « sources du Nil » entre le 10e et le 15e degrés de latitude sud. « Il y a là, écrivait-il, non pas un lac, mais quatre lacs : le Liemba, le Bangouéolo, le Moéro et l'Oulenghé, reliés entre eux par une suite continue d'eaux courantes. Le Liemba notamment est situé dans un creux dont les âpres talus forment une plongée de 600 mètres ; le site est fort beau, les côtés, le sommet et le fond étant également couverts d'arbres et d'arbustes. Eléphants, buffles, antilopes paissent sur les pentes escarpées, tandis que les eaux pullulent de crocodiles, d'hippopotames et de poissons. La poudre n'ayant pas encore fait entendre sa voix dans ces parages, les éléphants y ont leurs coudées franches ; de temps à autre toutefois quelqu'un d'entre eux se trouve pris dans les fosses. C'est un véritable paradis naturel, tel que Xénophon aurait pu le souhaiter. Sur deux îles rocheuses, des pêcheurs cultivent le sol, élèvent des chèvres, s'adonnent à la pêche. Les villages disparaissent sous les palmiers à huile. Nombre de ruisseaux se précipitent dans le lac, en franchissant des rochers de schiste argileux d'un

---

(1) Pour tous ces détails et ceux qui suivent, voyez la *carte* jointe au volume.

rouge brillant où ils forment des cascades magnifiques. »

Cette communication de Livingstone est, derechef, suivie d'un long intervalle de quatre années sans nouvelles directes. On apprend seulement par des Arabes

RHINOCÉROS.

que l'explorateur est arrivé au port d'Oudjidji, sur la rive est du Tanganika, mais dans un état de dénuement pitoyable. La Société de géographie de Londres s'émeut de nouveau et organise, à la fin de 1871, une expédition de recherche et de secours composée de deux officiers de marine, auxquels s'adjoint le fils même du voyageur, M. Oswald Livingstone; mais, par suite d'empêchements divers, la caravane ne dépasse point Zanzibar. Elle avait d'ailleurs appris dans cette ville que, depuis un an déjà, un *reporter* d'un grand journal de New-York s'était aventuré seul et résolument sur les traces du docteur : c'était M. Henri Stanley.

Arrivé à Zanzibar à la fin de 1870, Stanley se lançait, au commencement de l'année suivante dans la direction du Tanganika et, le 3 novembre, atteignait Oudjidji, après s'être ouvert de force un passage sur le territoire du roi de Mirambo (entre Ounyânyembé et le lac). A Oudjidji, il retrouvait Livingstone, auprès duquel il restait jusqu'à la mi-mars 1872, explorant avec lui le bassin nord du Tanganika ; puis il s'en revenait en Europe, dans l'été de la même année, rapportant un journal écrit de la main du fameux voyageur et toute une série de lettres et de dépêches.

L'éclatant succès de cette mission rencontra d'abord beaucoup d'incrédules. Vu sa double qualité de journaliste et d'Américain, le vaillant et heureux Stanley se vit soupçonné de supercherie ; bientôt toutefois il fallut faire amende honorable et se rendre à la claire évidence.

Entre temps, un naturaliste allemand, le docteur Schweinfurth, parti d'Europe en août 1868, avait remonté la vallée du Fleuve Blanc, et pénétré au delà du Bahar el-Ghazal (Rivière des Gazelles). Cet affluent de gauche du Nil est précisément le cours d'eau redouté, par delà les marécages duquel n'osèrent se hasarder, il y a dix-huit siècles, les centurions envoyés par l'empereur Néron à la découverte des sources du fleuve égyptien. Ce n'est, d'un bout à l'autre, qu'un fouillis de lagunes immenses fourmillant de reptiles et de moustiques, un véritable océan d'herbes et de roseaux où l'on ne peut se frayer passage qu'à coups de hache. Schweinfurth avait réussi cependant à s'y orienter ; et là, tout en complétant son herbier, il avait découvert, à partir du 8ᵉ degré environ, des types étranges de peuplades dont on ne se faisait nulle idée chez nous, les Bongos, les Niam-niams, les Momboutlous, les Dinkas, les Akkas, groupes ethniques dont nous re-

HIPPOPOTAME.

parlerons en leur lieu (1). Ensuite il était revenu dans le bassin du Bahar el-Ghazal, avait visité le pays des Kredj, et avait regagné l'Europe à la fin de 1871, après quarante mois de pérégrinations.

Cette même année, disons-le tout de suite, fut marquée par un fait d'une importance capitale. Samuel

---

(1) Voyez ci-après, chapitre IV.

Baker, l'explorateur déjà mentionné, reçut du vice-roi d'Egypte la mission de fonder dans la haute région du Fleuve Blanc un établissement destiné à tarir dans sa source le trafic des marchands de chair humaine (1). Pour cette tâche difficile et complexe, Baker disposait de toute une flottille et d'un corps d'armée de 1,500 hommes dont la marche, a dit un géographe, « rappelait les antiques expéditions de certains Pharaons, telles qu'on les voit représentées aux parois des temples égyptiens. »

Si Schweinfurth, dont l'objectif n'était que scientifique, avait dû à l'appui non seulement des fonctionnaires égyptiens du Soudan, mais encore des traitants et de leurs bandes mercenaires, de pouvoir se retrouver dans l'inextricable lacis forestier et fluvial de cette zone africaine habitée par tant de peuples féroces, Baker en revanche se heurta dès le début à toutes sortes d'obstacles suscités par les sujets mêmes du khédive, tous plus ou moins intéressés dans les razzias de nègres. En dépit du mauvais vouloir général et des conspirations sans cesse renaissantes, le voyageur, arrivé à Gondokoro au printemps de 1871, prit tout de suite possession du pays, changea le nom de la bourgade en celui d'Ismaïlia (le khédive d'alors était Ismaïl), y installa une administration, et somma les chefs des territoires environnants de reconnaître le gouvernement égyptien.

Les Baris, ou indigènes de la haute vallée du Fleuve Blanc, ayant refusé d'obéir, Baker les réduisit par la force, poussant au sud-est jusqu'à Fatiko (par 3° 1' de latitude nord), centre d'exploitation principal des

---

(1) Voyez ci-après, chapitre VI.

chasseurs d'esclaves. La campagne fut pleine d'amertumes, de périls et de trahisons. Une fois, c'est un des chefs d'alentour qui essaie d'empoisonner toute l'armée au moyen de grandes jarres de boisson envoyées sous couleur d'hospitalité; une autre fois, Baker se voit inopinément assailli dans son camp où il

BARIS.

se reposait sur les protestations d'amitié d'un principicule africain. A force d'énergie et de sang-froid, le lieutenant d'Ismaïl triomphe de toutes les difficultés, et, en 1873, il peut écrire de bonne foi dans une lettre: « Le Soudan égyptien s'étend désormais jusqu'à 2 degrés au nord de l'équateur; les indigènes payent la taxe du blé; les chasseurs de noirs ont vidé le territoire, et il y a dans les eaux du Fleuve Blanc onze steamers en croisière pour arrêter au passage toute cargaison prohibée (1). »

Quelques mois auparavant, deux autres expéditions quittaient presque simultanément l'Angleterre pour aller, non plus à la recherche, mais à la rencontre de Livingstone. L'une, commandée par Cameron, prenait la route suivie par Stanley depuis Zanzibar; la seconde, avec Grandy à sa tête, partait d'une direction diamétralement opposée, c'est-à-dire de la côte de Loanda, pour gagner de là le Zaïre ou Congo et s'engager ensuite dans l'intérieur par ce vaste espace, alors encore en blanc sur nos cartes, et de quatre ou cinq cents lieues de large, qui s'étend du Congo au Tanganika.

Ajoutons qu'une tierce expédition, organisée par l'Allemagne et ayant à peu près le même point de départ (le Loango), entreprenait d'explorer également toute la région équatoriale. La plus célèbre et la plus fructueuse de ces trois missions fut sans contredit celle de Cameron. Après avoir complété la reconnaissance du Tanganika, ce voyageur atteignit en 1876 Loanda. Le premier, à l'exemple de Livingstone, il avait traversé toute l'Afrique centrale, s'était assuré que le Loualaba appartient, non pas au bassin du Nil, comme son devancier l'avait cru, mais bien à celui du Congo, et avait découvert, chemin faisant, d'énormes gisements d'or, de cuivre, d'argent et de houille. L'expédition de Grandy, de son côté, était déjà parvenue à une certaine distance de la côte

(1) On sait que, depuis que ces lignes ont été écrites, le Soudan égyptien s'est insurgé à la voix du *Mahdi*, et que toutes les conquêtes du Khédive se trouvent remises en question de ce côté, en dépit de l'intervention des Anglais.

lorsque, en avril 1874, sur la nouvelle, cette fois certaine, de la mort de Livingstone, décédé au bord du

SAMUEL BAKER.

Bangouéolo, sa dernière conquête, elle reçut ordre de rentrer en Europe. Quant à la colonne partie du

Loango, elle échoua, en fin de compte, dans sa tentative.

III

A Stanley était réservé l'honneur d'achever l'œuvre de Livingstone, en explorant de l'est à l'ouest le cours entier de l'immense fleuve appelé le Congo. C'est en septembre 1874 que l'énergique pionnier rentre en scène. Avec une escorte de 300 hommes, il se met en route de Zanzibar, arrive au Victoria Nyanza, et lance sur ses eaux le premier bateau européen qui ait vogué sur un lac africain; c'était la *Lady Alice*, embarcation à rames formée de compartiments démontables. Après avoir accompli la circumnavigation de l'énorme bassin, il se dirige à l'ouest vers le Mouta (Albert Nyanza), avec une troupe de 2,000 guerriers que lui a fournie Mtésa, roi de l'Ouganda (1), et un autre canot, le *Livingstone*, également divisé en sections portatives. 500 femmes et enfants suivaient la petite armée, portant les nattes et les vêtements des guerriers. En route, du haut d'un des contreforts du mont Kabouga, qui sépare les bassins des deux lacs, Stanley aperçoit le Gambagara, sommité haute de 3,900 à 4,600 mètres. Malheureusement, au bord du Mouta, ses hommes, effrayés par l'attitude hostile des gens du pays, refusent de le suivre plus loin, et il est obligé de rétrograder

---

(1) Région au nord-ouest du lac Victoria, habitée par le peuple des Waganda. — Dans la langue locale, la syllabe initiale *ou* désigne le pays, et la syllabe *wa* la population.

vers l'Ouganda. Dès lors, cessant de compter sur Mtésa, il descend au sud, du côté de Karagué (côte occidentale du Victoria), découvre plus loin un nouveau lac, l'Alexandre Nyanza, caché en partie sous des champs de hauts et touffus papyrus, puis de là atteint, le 1ᵉʳ avril 1876, le Tanganika, à l'endroit où il avait rencontré Livingstone cinq années auparavant, c'est-à-dire au port d'Oudjidji.

Il se proposait d'y séjourner quelque temps; mais une épidémie de variole qui se déclare dans ces districts le force bientôt à se remettre en marche. Quoique épuisé de fatigue, il n'hésite pas à conduire sa colonne de l'autre côté du Tanganika, vers la bourgade de Nyangoué, sise au pays des Manyémas anthropophages, sur le bord oriental de la rivière Loualaba, déjà mentionnée. C'était précisément de Nyangoué, gros marché à esclaves où les marchands musulmans de Zanzibar avaient des succursales de leurs maisons de traite, que Cameron était parti pour gagner l'Atlantique; seulement, à la dernière heure, craignant d'exposer la vie de ses hommes, il avait renoncé à longer le cours inconnu du Loualaba, et avait pris sa route par les terres. Stanley, lui, après réflexion, résolut de se frayer, coûte que coûte, un passage à travers les tribus hostiles, et c'était à cette détermination, prise et accomplie avec un sang-froid non exempt de cruauté que l'Europe allait devoir de connaître enfin l'itinéraire d'un des plus grands fleuves du monde.

Jusque là tout ce qu'on savait, grâce à Livingstone, de ce mystérieux Loualaba, c'est qu'il sortait du lac Bangouéolo sous le nom de Louapoula; que, de là, se dirigeant au nord, il traversait un autre lac, celui de Moéro, et qu'ensuite, après avoir coulé presque parallèlement au Tanganika, il s'infléchissait quelque peu à l'ouest, pour gagner le susdit bourg de Nyangoué. Passé ce point, sur un espace de près de 300 lieues, on perdait sa trace. D'après le dire des indigènes, on pensait qu'il tournait vers la gauche, pour se réunir, non loin de l'Atlantique, au grand courant du Congo, qui lui-même était censé venir d'une région inconnue au sud. C'était cette énigme géographique que Stanley voulait essayer de résoudre.

Dès son départ de Nyangoué, il reconnut l'inexactitude profonde du tracé hypothétique marqué en lignes de points sur nos cartes. Au lieu d'infléchir à l'ouest, le fleuve continuait de couler au nord, en décrivant de larges circuits. On eût dit qu'il allait rejoindre le Mouta, pour déboucher vers la vallée du Nil ou vers quelque autre « grande eau » intérieure, non encore découverte. Bientôt le courant s'enfonça dans d'inextricables fourrés vierges, où la caravane dut renoncer à se frayer un chemin. Il fallut chercher à gagner le pays d'Oukousou, déjà signalé par Cameron. La population, anthropophage et féroce, attendait dans les forêts la troupe de Stanley, et lui décochait au passage des flèches empoisonnées. La colonne, démoralisée, allait se débander, quand l'explorateur, recourant à la *Lady Alice* et à ses dix-huit autres bateaux, comme à une ressource suprême, se lança à toute aventure sur le Loualaba.

Alors commença une navigation effroyable sur ce fleuve inconnu que l'on descendait à force de rames. Chaque jour on avait à se battre. A peu de distance de l'Equateur, la rivière se trouva barrée par cinq grandes cataractes (ce sont celles qui figurent sur les cartes récentes sous le nom de Chutes de Stanley). Impossible de les franchir en canot. On fut obligé de tailler dans l'épaisse futaie un chemin de 24 kilomètres de

CAMERON.

longueur, où les hommes traînèrent les embarcations, tout en continuant de guerroyer sans relâche contre un ennemi insaisissable. Tout à coup, au dessus de l'Equateur, le fleuve, qui jusque-là s'était dirigé au septentrion, se trouva rejeté brusquement vers l'ouest par une série de puissants reliefs de terrain. Il s'éloignait définitivement de ce plateau central des grands lacs, qu'il avait d'abord fait mine de gagner, pour obéir à un autre système de vallées. En même temps son aspect devenait des plus majestueux. Grossi d'un important tributaire venu du nord, il ressemblait à un lac mouvant; sa largeur variait entre quatre et dix-huit kilomètres, et tout un semis d'îles constellait son lit.

Ce fut dans cette partie du trajet que la flottille d'exploration se vit assaillie d'un seul coup par une soixantaine de pirogues, dont quelques-unes avaient jusqu'à quatre-vingts rameurs et huit timoniers gouvernant à l'aide de pagaies. Au dessus de cet équipage s'étendait une sorte de plancher où se tenait l'élite des guerriers de la tribu, indiquant par une pantomime expressive le sort réservé à Stanley et aux siens. Heureusement que ceux-ci, au prix d'une demi-heure de lutte, forcèrent l'ennemi de se retirer. Ce n'était, on le pense bien, qu'avec les plus grandes précautions, et quand la faim devenait trop pressante, que l'on se risquait à toucher la rive.

Stanley venait de livrer de la sorte son trente et unième et dernier combat naval, lorsqu'il se vit aux prises avec un autre genre de péril non moins redoutable. La rivière filait toujours à souhait dans la direction de l'occident; mais, en cette partie inférieure de son cours, de brusques dépressions de terrain l'obligeaient à choir en rapides et en cataractes.

On eut ainsi à franchir une soixantaine de gradins,

(Chutes de Livingstone), dont les cartes portugaises et anglaises, figurant cette section du tracé fluvial, ne faisaient nulle mention. Il en résulta de terribles désastres. Un jour, entre autres, en passant un de ces ressauts de la rivière, Stanley perdit seize de ses compagnons, douze bateaux, et une charge d'ivoire valant environ dix-huit mille dollars (près de 100,000 francs). Malgré tout, on continuait d'avancer. Bientôt on apprit des peuplades avoisinantes que le fleuve ici s'appelait le *Ko-ango*. Plus de doute : le Loualaba et le Congo ne faisaient qu'un. Le problème si hardiment abordé de front par le voyageur se trouvait éclairci définitivement.

Il s'agissait maintenant pour Stanley d'arriver sain et sauf au terme de sa glorieuse odyssée, afin que l'Europe en eût le bénéfice. Or, c'était le spectre de la faim qui, au dernier moment, se dressait devant lui et son personnel, fort encore de 115 têtes. Le 6 août, l'expédition abordait au village de Ni-Sanda, point oriental extrême du cours antérieurement connu de la rivière. Déjà, beaucoup plus loin en amont, dans une de ses haltes à terre, Stanley avait trouvé des fusils aux mains d'une peuplade : les « bienfaits » de la civilisation avaient donc pénétré jusque-là. A Ni-Sanda, qui n'était qu'à quatre journées de l'établissement européen de Bomma, le progrès était plus marqué encore, car lorsque l'explorateur essaya d'obtenir des provisions de bouche en échange d'étoffes et de verroteries, seule monnaie circulant à l'intérieur, les indigènes ne lui répondirent que par des moqueries. Désespéré, ne sachant plus que faire, Stanley s'avisa alors de dépêcher à Bomma une lettre adressée « à toute personne sachant l'anglais », pour solliciter des secours et des vivres. Immédiatement deux négociants, MM. Motta Viega et Harrison, lui envoyèrent

LE TRANSPORT DE LA « LADY ALICE ».

ce qu'il demandait. Dès lors l'expédition, menacée un moment de périr au port, se trouvait sauvée, et le 13 août, Stanley arrivait à Kabinda, près de l'embouchure, les cheveux tout gris, à trente-cinq ans.

« Le *Livingstone*, écrivait-il le mois suivant de Loanda (c'était le nom qu'il proposait de donner désormais au Congo), est le fleuve Amazone de l'Afrique, comme le Nil en est le Mississipi. Cette immense rivière a de l'eau pour trois Nils. Sa longueur excède 1,200 lieues, le quadruple et plus du cours du Rhin. Comme artère commerciale, elle prime le grand fleuve d'Egypte, car, au lieu de s'y échelonner sur divers points du courant, les obstacles s'y groupent en deux endroits. Il y a, à la partie supérieure, entre les 25e et 26e degrés de longitude, une série de six grandes chutes absolument infranchissables aux bateaux; puis, plus bas, vers le 17e degré, se présente une suite de 62 cataractes. Ces dernières passées, on a devant soi, ouverts à souhait, d'immenses territoires regorgeant de richesses et de population.

« Les villages, dans cette zone de l'Afrique, prennent la proportion de véritables villes développant souvent sur une lieue de long leurs files d'habitations bien construites et d'un aspect bien supérieur à ce qu'on trouve dans la plupart des autres régions du continent noir.

« La gigantesque plaine qu'arrose le Congo est couverte de forêts luxuriantes aux essences précieuses, et tout ce que produit de meilleur le sol africain, coton, gutta-percha, noix de toute espèce, copal, fruits du palmier, huile, ivoire, s'y rencontre en surabondance.

« Ajoutons que la navigabilité de la rivière comprend un espace de plus de 600 lieues en aval, et de près de 400 en amont des chutes, sans préjudice des affluents de droite et de gauche, qui doublent presque cet empire fluvial. »

IV

Tirons à présent la résultante de cet ensemble d'explorations dans l'Afrique centrale et équatoriale. A part trois zones d'inégale étendue restées encore en blanc sur nos cartes des deux côtés de la ligne équinoxiale, on peut dire que l'Afrique nous est aujourd'hui connue dans ses linéaments essentiels. En trente ans, grâce à une poignée d'hommes seulement, une série de prodigieuses découvertes a renversé toutes les vieilles idées au sujet de ce continent massif, qui, désormais, apparaît à nos yeux sous un aspect entièrement nouveau. Non-seulement il n'a point le caractère d'uniformité qu'on s'était plu à lui attribuer; mais il offre en sa structure intérieure et fondamentale une puissance et une richesse d'organismes qui contrastent avec le dessin essentiellement rudimentaire de ses côtes. A un gigantesque réseau central de lacs et de rivières, dont on ne trouverait l'équivalent que dans les deux Amériques réunies, se joint un système orographique dont l'harmonie de détail nous échappe encore, mais qui suffit à expliquer en partie l'étrange climatologie de la contrée.

Lorsque Ptolémée, au IIe siècle de notre ère, parlait des monts de la Lune et des marais d'où sort le Nil, Νείλοῦ λίμναι, il était certes loin de soupçonner à quel immense lacis de mers équatoriales et à quel relief d'Alpes africaines, rattachées comme les nôtres à un nœud central, répondaient ses données demi fabuleuses.

C'est en voulant atteindre la « tête » du fleuve égyptien qu'on a découvert ce monde presque effrayant de grandeur, et reconnu, une fois de plus ici-bas, combien les plus hardies fictions demeurent au dessous de la réalité. On n'a pas encore, il est vrai, trouvé le courant primordial du Nil, car une coupe lacustre n'est jamais qu'un point de départ secondaire, et l'Oukéréoué n'est pas plus la source de l'antique *Syris* (1) que le Léman n'est la source du Rhône, ou le lac de Constance celle du Rhin. Peut-être s'écoulera-t-il un long temps avant qu'on ne viole l'antre sacro-saint où se cache la mystérieuse naïade ; peut-être même, tous les réservoirs supérieurs explorés, et tous les cours d'eau affluents dénombrés, le problème gardera-t-il son obscurité.

Voyez, par exemple, ce qu'il en est de notre Rhin d'Europe. Les gens de la grande vallée grisonne vous montrent sous ce nom une infinité de torrents et de ruisseaux. Tout ce qui coule (*rinnt*) s'appelle de ce nom. Il y a le Rhin d'Ursera, le Rhin de Gæmmern, celui de Cornera, et les Rhins de Tavetsch, de Medels, de Somvix, de Vrin, de Vals, de Savien, d'Avers ; nous sommes loin d'épuiser la nomenclature. Tous ces Rhins affluent au Rhin du Badus, et forment ensemble le Rhin antérieur, grossi ensuite du Rhin du milieu, puis du Rhin postérieur. Lequel représente le courant initial ? L'examen même des volumes fluviaux n'aide pas en somme à trancher la question. Quand on regarde à Chiamut le Rhin de Cornera qui, ainsi que celui de Gæmmern, venu du Crispalt, est considéré comme un tributaire du Rhin du Badus, ne pourrait-on au con-

---

(1) C'était le nom que, jusqu'à Syène, portait autrefois le Nil.

traire inférer, de la quantité relative d'ondes charriées, que c'est ce dernier qui est le fleuve vassal? Une seule chose demeure certaine, c'est que c'est à partir de Coire, là où il se tourne brusquement au nord, que commence le Rhin proprement dit et sans épithète, le vrai Rhin, celui que sans conteste on peut dire « fier du progrès de ses eaux ».

Un mystère semblable, mais dans des proportions plus grandioses, semble planer sur les sources du Nil. C'est, à n'en pas douter, le Fleuve Blanc, le *Bahar el-Djebel* des Arabes, qui est le corps principal de la grande rivière; mais le courant nilien, dans la partie extrême de son bassin, n'est plus, comme en Nubie et en Egypte, un canal unique, contenu dans une vallée close, et dont Hérodote pouvait dire qu'il ne recevait aucun affluent. A ce sillon solitaire qui, du 30° au 18° parallèle nord, coupe le désert aride et brûlant, succède, à partir de Khartoum, un vaste réseau de branches convergentes venant de l'est, du sud, du sud-ouest, et se déployant en un vaste éventail de quatre cents lieues au cœur de l'Afrique. Laquelle de ces branches est la souche-mère? Y a-t-il même réellement un de ces courants auquel on puisse appliquer spécialement l'appellation de « Source du Nil »? La célèbre voyageuse hollandaise, Mlle Tinné, qui explora le Bahar-el-Ghazal, écrivait dans une de ses lettres datées de Gondokoro : « Les gens du pays rient de ceux qui parlent d'*une* source du Nil; il en existe, disent-ils, plus de cent au dessous du Sobat (1). »

De plus, on a remarqué en Egypte que le fleuve

---

(1) Affluent de droite qui rejoint le Nil vers le 8° degré de latitude septentrionale.

change plusieurs fois de nuance à l'époque des crues ; l'afflux qui le grossit viendrait donc tour à tour de plusieurs courants issus de points différents et traversant des terrains de nature diverse.

Ce sont en effet les pluies équatoriales, et non pas seulement celles qui tombent en Ethiopie (1) comme le croyait Strabon, qui produisent ces débordements périodiques au sujet desquels, pendant si longtemps, on a hasardé différentes hypothèses. Tandis que, au nord et au sud, le continent africain est soumis à une sécheresse à peu près continue, les grandes cimes et les hauts plateaux à pentes étagées de la région du Tanganika et de l'Oukéréoué reçoivent le trop-plein aqueux des vents venus de la mer des Indes. Il y pleut, non pas seulement durant une saison, comme sous les tropiques, mais toute l'année plus ou moins, et huit ou neuf mois avec abondance. De là les cours d'eau innombrables qui s'échappent de ce massif alpestre, les cascades retentissantes et furieuses qu'y vomissent les flancs ravinés des montagnes.

Que nous voici loin encore de cette prétendue zone torride, inhabitable et inhabitée, qui, d'après les idées des anciens, formait vers l'Équateur une infranchissable barrière entre les deux zones tempérées du globe ! La vérité est que le climat de ces contrées lacustres, élevées d'un millier de mètres au-dessus de l'Océan, est plus modéré que celui de l'Italie du sud et de la Sicile. Le thermomètre y oscille d'ordinaire entre 25 et 29 degrés centigrades ; par contre, à mesure que du haut plateau du Victoria Nyanza on descend, vers le nord, la vallée du Fleuve Blanc, la chaleur aug-

---

(1) La Nubie actuelle.

mente graduellement : à Gondokoro, où l'altitude n'est plus que de 600 mètres, la température varie entre 33 et 39 degrés ; plus bas encore, à Khartoum, sis au confluent du Nil blanc et du Nil bleu, on a, l'été, 45 degrés et plus. C'est pourquoi aussi, d'une zone à l'autre, les aspects se modifient du tout au tout. A 3 degrés en amont de la capitale du Soudan égyptien, les berges du Nil offrent une riche parure de gommiers, de tamariniers, de papyrus, pleins de fleurs et d'oiseaux ; en aval, au contraire, sont des rives sablonneuses et des campagnes nues.

Plus d'une moitié du continent noir dépend de la région lacustre qui s'étend du 3e parallèle nord au 17° sud environ. Certains de ces récipients centraux sont de véritables mers, mesurant seize ou vingt fois la superficie du Léman. Entre eux et Zanzibar se dresse un Oberland africain dominé par des pics glacés, dont quelques-uns, le Kilimandjaro, le Kénia, laissent bien au-dessous d'eux le mont Blanc. C'était évidemment là, et non ailleurs, que devait se trouver le grand faîte de partage des eaux. De même que les fleuves les plus importants de l'Europe, le Rhône, le Rhin, le Danube et le Pô (ces deux derniers par leurs branches maîtresses, l'Inn et le Tessin), rayonnent d'un même groupe de sommités, qui est le massif central des Alpes, de même les plus grosses rivières de l'Afrique (le Niger excepté), dérivent de la zone équatoriale où se trouve le nœud orographique du pays.

Le malheur, je l'ai dit, c'est que, au point de vue de la navigabilité de ses cours d'eau, l'Afrique est, de toutes les parties du globe, la moins bien partagée. C'est même là, avec le contour brut de ses côtes, une des causes qui l'ont empêchée, durant si longtemps, d'entrer en relations avec le reste du monde. Non seulement ses rivages ne présentent pas ces mille échancrures, ces golfes profondément découpés par lesquels la mer pénètre et circule jusque dans le cœur de la vieille Europe; mais ses fleuves, quoique souvent énormes, sont loin de figurer ces routes toutes faites, au tracé continu, dont la nature a doté les autres continents. Tantôt l'accès, du côté de l'Océan, en est barré par des digues de sable qui ne laissent un passage facile qu'à des embarcations de très petite dimension; tantôt l'embouchure se perd dans un dédale de bras multiples irradiés en delta; d'autres fois enfin, à peu de distance de l'estuaire terminal, le courant se brise en rapides qui arrêtent court la navigation.

Le Nil est le seul fleuve africain qui ait eu, dès l'antiquité, quelque importance comme artère commerciale; encore le trafic s'y arrêtait-il à l'extrémité du grand grenier à céréales de la région, c'est-à-dire dans le voisinage du tropique, aux premières cataractes, celles de Syène (aujourd'hui Assouan). Là se trouvait et se trouve encore, jusqu'à nouvel ordre, le seuil du monde civilisé. Ce n'est pas que les obstacles qui encombrent le cours supérieur du fleuve soient absolument infranchissables; chaque année, à l'époque des hautes crues, de nombreuses barques descendent de Khartoum au Caire, chargées des diverses productions du Soudan oriental; des steamers de la force de cent chevaux ont même réussi à remonter le courant principal jusqu'au delà du 5e degré de latitude (Gondokoro). Enfin, dans les espaces intermédiaires entre les cataractes, il règne un mouvement de navigation animé, et en amont de la ville de Berber, le va-et-vient des embarcations se continue toute l'année; mais ce n'est là qu'une activité toute locale, et l'on ne saurait, en somme, dire du Nil, suivant le mot de Pascal, que c'est un « chemin qui marche tout seul ». Aussi, sur le sillon supérieur, celui du Fleuve Blanc comme sur la branche du Bahar-el-Ghazal, les véhicules nautiques se transforment-ils. Aux confortables et superbes paquebots qui sillonnent la nappe inférieure du courant succèdent, à partir de Khartoum, de lourds et massifs bateaux en bois d'acacia, avec une toiture d'abri telle quelle contre les intempéries locales. Jusqu'à l'extrémité de l'espace navigable, le trajet, qui par un vent favorable du nord demande toujours un mois ou six semaines, peut consumer un temps double et triple, pour peu qu'il soit entravé par ces immenses barres de roseaux et ces îlots d'herbes flottantes (*Sfett*) qui encombrent souvent cette partie du lit.

Il va sans dire que l'aplanissement des cataractes du cours inférieur représenterait un travail d'Hercule doublé d'une dépense incommensurable. Aussi s'est-on arrêté à l'idée de construire un chemin de fer latéral, qui, partant du second ensemble de chutes, celles d'Houadi-Halfa, atteindra par Dongola (rive gauche) et le steppe de Bejouda (soit 200 lieues de rails environ) l'entrepôt soudanien de Khartoum.

Quant aux autres cours d'eau issus de la zone équatoriale de l'Afrique, ils ne paraissent pas, jusqu'à nouvel ordre, de beaucoup d'avenir au point de vue commercial ; ce ne sont pas là, encore une fois, des organes de relation naturels, tels que tant de fleuves que nous connaissons. Les stations de raccord d'ailleurs font défaut sur leurs rives ; les lieux d'entrepôt, les *échelles*, comme on dit, y sont situés trop au loin, tout à fait à l'intérieur du pays, de sorte que nos trafiquants d'Europe, pour s'assurer une base de négoce, devraient commencer par créer eux-mêmes ces points de ralliement.

H. STANLEY.

Plus pratiques sont les mesures prises pour établir par la voie de terre un transit régulier entre les grandes mers intérieures de l'Afrique et la côte que baigne l'océan Indien. Plusieurs compagnies s'en occupent activement. La voie de négoce, à stations échelonnées, partant, à l'est, de Bagamoyo ou de Dar-es-Salam (en face de Zanzibar), gagnera d'abord la pointe septentrionale du lac Nyassa (Maravi), tributaire du Zambèze, puis, de là, le Tanganika, situé à 400 kilomètres plus au nord. Le service se fera à l'aide de ces porteurs indigènes qu'on nomme *pagazis ;* mais, dans les districts que n'infeste pas la terrible mouche *tsétsé*, dont la pipûre est mortelle pour presque tous les animaux domestiques (1), on se propose d'adjoindre à ces porteurs des bêtes de somme : chevaux de Zanzibar, mulets, ânes, buffles noirs des rivières déjà utilisés en Egypte, à moins cependant, ce qui vaudrait encore mieux, que l'on ne réussisse définitivement dans les essais tentés en ce moment, par les Portugais comme par les Anglais, pour domestiquer et dresser l'éléphant d'Afrique à la manière de son frère de l'Inde (2). La route, en voie de construction, présentera de place en place des hospices-refuges, auxquels seront attachés des chasseurs, et les escouades permanentes de porteurs seront doublées d'une milice également indigène, spécialement destinée à couvrir la marche des caravanes.

(1) Voyez ci-après, chapitre V.
(2) La région du Counené étant fort riche en éléphants, c'es dans le district de Mossamédés (côte ouest de l'Afrique) que les Portugais notamment projettent d'établir leur école de domestication et de dressage de ces animaux : raison de plus pour cesser, ce semble, la féroce guerre à laquelle le noble pachyderme est en butte.

CHAPITRE III

DU SAHARA ALGÉRIEN AU COURS DU NIGER. — LE SÉNÉGAL ;
LE SOUDAN DE L'OUEST ET DU CENTRE. — L'AFRIQUE
AUSTRALE, DU CAP AU ZAMBÈZE.

I

Le quart nord-ouest du triangle africain est, de toutes les parties du continent noir, celle qui nous intéresse le plus spécialement, car c'est là que se trouvent nos deux colonies de l'Algérie et du Sénégal, malheureusement séparées l'une de l'autre par d'immenses solitudes désertes. D'Alger à Saint-Louis par Tombouctou, il y a en effet un millier de lieues. Cette fraction du Grand Désert est cependant sillonnée de routes que, depuis un temps immémorial, parcourent de nombreuses caravanes. Une de ces voies, la plus fréquentée, est celle qui, partant du coude supérieur du Niger, s'embranche, en touchant à In-Çalah, au chemin de la Tripolitaine à Mourzouk, par la grande bourgade de Ghadamès et cette riche oasis de Ghat où se tient, chaque année, à l'automne, la plus grande foire des régions sahariennes (1). Quant à la route qui, par Touat, gagne en ligne droite l'Algérie, elle

(1) Les visiteurs y affluent de toutes les contrées de l'Afrique nord, et l'on y compte parfois plus de vingt mille chameaux chargés de marchandises.

est pour le moment délaissée. Du jour où la France a eu pris pied sur le littoral nord de l'Afrique, tout le négoce de cette voie centrale s'est détourné, à l'ouest et à l'est, vers les marchés musulmans du Maroc et de Tripoli.

Cette dernière ville particulièrement est devenue le grand entrepôt commercial des habitants de Ghadamès, lesquels commandent par leur trafic le Sahara occidental, sont les correspondants d'affaires des Touareg, possèdent des comptoirs dans l'Haoussa, et vont au Bornou et dans l'Ouadaï. Les avant-postes établis par nous sur la lisière du Grand Désert, Laghouat, Biskra, Touggourt, Ouargla et autres, sont-ils appelés à devenir plus tard des têtes de lignes du transit saharien? Il n'est pas défendu de l'espérer, et c'est en vue de ce résultat qu'ont été dirigées tant d'explorations vers la région des oasis.

Notre domination incontestée sur la marge nord de la zone sablonneuse qui succède aux districts montagneux du Tell, ne date guère que de 1852. Sauf quelques pointes militaires hardies et des excursions de touristes curieux, on n'avait pas, on peut le dire, pénétré dans les vastes plaines qui se déroulent au pied méridional de l'Aurès. Touggourt, la cité quasi légendaire, apparaissait, de ce côté, comme l'extrême limite des pays habitables, et l'on ne connaissait les Touareg, ces étranges routiers du Sahara, que par ce qu'en avaient raconté quelques explorateurs isolés. Bientôt cependant un jeune pionnier allait fournir sur ces contrées mystérieuses des informations plus précises. C'était en 1859 : M. Henri Duveyrier, alors âgé de vingt ans à peine, débarquait sur les rivages algériens, avec la ferme résolution de s'enfoncer aussi loin que possible au cœur même du désert. Après une première course d'essai, il pousse en effet

ÉLÉPHANTS AFRICAINS.

jusqu'à Ghadamès, gagne de là l'oasis de Ghat, et s'en revient par Tripoli, ayant parcouru en divers sens toute la zone saharienne qui se développe au sud de Tunis et de Constantine. Le terrain une fois préparé par lui, le gouvernement général de la colonie envoya aux Touareg, que M. Duveyrier avait su se concilier, une ambassade moitié militaire, moitié savante, qui atteignit, elle aussi, Ghadamès, mais par la voie opposée, celle de Tripoli et rentra par Touggourt et Biskra, après avoir conclu avec la peuplade indigène une convention écrite aux termes de laquelle cette dernière s'engageait désormais (on sait comment elle a tenu sa parole) à protéger nos caravanes entre l'Algérie et le Soudan.

Ces premières explorations furent suivies d'une quantité d'autres, qu'on ne peut ici enregistrer par le menu. Mentionnons seulement pour mémoire le voyage de l'Allemand Gehrard Rohlfs aux oasis de Figuig et de Tafilelt (frontière du Maroc), visitées également plus tard par notre compatriote M. Paul Soleillet, l'expédition de MM. Fourneaux-Dupéré et Joubert, qui furent, on le sait, assassinés non loin de l'endroit où avait péri, deux années auparavant (1869), Mlle Alexandrine Tinné, l'intrépide Hollandaise dont j'ai déjà eu occasion de parler, et enfin (1874-78) l'excursion plus heureuse de M. Largeau, lequel put étudier au passage cet immense sillon de l'Igarghar, aujourd'hui presque desséché, mais qui a été jadis un grand fleuve sous le nom de *Nighir*.

Une fois encore, de cet ensemble d'explorations tardives, résultait toute une révolution dans la géographie de l'Afrique. Là où l'on ne s'était figuré qu'une suite monotone de plaines sablonneuses et inhabitées, *deserta siti regio*, voici que l'on voyait se dessiner une région variée à l'infini, couverte de hautes montagnes, sillonnée de fraîches vallées, où vivait une nombreuse population pastorale, et qu'arrosaient des cours d'eau temporaires grossissant parfois jusqu'à déborder. A propos de la marche des caravanes, nous esquisserons plus loin (1) les vrais aspects du site saharien, qui ne répond guère à l'idée de convention que, pendant si longtemps, on s'en était faite. Le point à mettre en lumière pour l'instant c'est l'étonnante régénération, le changement à vue presque fantastique, que peut produire le labeur humain dans cette zone stérile de l'Afrique.

Prenons pour exemple Biskra, une de ces oasis du Ziban (2) qu'on aperçoit du col de Sfa, quand on a franchi la haute crête mitoyenne, de 2,300 mètres d'altitude, que l'Aurès dresse entre le littoral et l'espace désert à l'extrémité sud duquel se trouve Ghadamès. En 1844, quand la France prit possession de ce poste réputé alors à demi fabuleux par son éloignement, ce n'était qu'une plaine d'argile nue, cuisant au soleil ; en 1870 encore, le séjour en était redouté de nos soldats. Quatre ans après, en 1874, M. Largeau y trouva une cité avenante, aux rues bordées de belles constructions, avec d'élégantes arcades abritant les trottoirs, et partout la verdure, l'ombrage, la fraîcheur, l'eau coulant à flots. Pour opérer cette transformation, il avait suffi de barrer le lit de l'*oued* qui court à l'ouest, et d'en amener le tribut à la ville. Dès lors des plantations magnifiques, mûriers, citronniers, gommiers, pins d'Alep, caroubiers, lauriers-roses, avaient surgi de toutes parts, modifiant ce climat jadis si brûlant, et créant, au seuil même du désert, une sorte d'Eden délicieux, une véritable station bal-

---

(1) Voyez le chapitre V.
(2) *Zab*, mot berbère, signifie oasis ; le pluriel *Ziban* désigne particulièrement les oasis du Sahara de Constantine.

néaire, où l'on s'aperçoit [à peine des chaleurs de l'été.

Biskra, il est vrai, n'est qu'à sept kilomètres de l'Aurès, et l'eau y coule à la surface du sol ; plus loin, dans l'Oued-Rhir, par exemple, large vallée qui s'étend jusqu'à Touggourt et à Temacinn, il faut fouiller le sol pour la trouver ; mais combien facile est le travail de forage ! En beaucoup d'endroits la nappe aquifère est à une si faible profondeur qu'en huit jours de sondage l'onde jaillit et avec elle la fertilité.

Les indigènes connaissaient, avant notre arrivée, l'art de creuser des puits artésiens ; mais leurs procédés ne demeuraient que trop souvent impuissants. Aujourd'hui, grâce à nos engins perfectionnés, les sables de l'Oued-Rhir se trouvent revivifiés ; où il n'y avait que des terres ingrates, se développent des îlots de verdure, et à mesure que l'eau revient à la surface fécondée du sol, le désert se repeuple. De tous les effets de l'occupation française, c'est celui auquel l'indigène est le plus sensible ; aussi la population agricole de cette zone réclame-t-elle de toutes parts des puits artésiens. A Ghadamès même, dit M. Largeau, les habitants, émerveillés des résultats obtenus dans l'Oued-Rhir, demandent instamment qu'on leur envoie des « savants pour l'eau ».

II

Il est constant que, du temps des Romains, les districts méridionaux de l'Algérie étaient plus humides qu'aujourd'hui, uniquement parce qu'ils étaient plus boisés. Qu'on y ressuscite la végétation arborescente, et la même cause ramènera sans doute les mêmes effets. Au centre du Sahara, se dresse le massif montagneux du Hoggar, qui, après avoir atteint une altitude cen-

H. DUVEYRIER.

trale de 2,000 mètres, va s'abaissant du nord-ouest au sud-est, en une série de terrasses dégradées, vers le plateau, haut encore de plus de 600 mètres, que traverse la route du Fezzan au Bornou, pour se relever ensuite brusquement par ces grandes sommités tibestiennes (mont Tarso, 2000 mètres) que M. Nachtigal le premier nous a fait connaître, et qui séparent le désert libyque, voisin de la grande oasis nilienne (l'Egypte), des steppes confinant au Soudan central.

Du Hoggar, qu'humecte au passage l'alizé du nord-est, dans sa course oblique des bords du Nil au Niger, et dont les flancs sont couverts de neige trois mois de l'année (de décembre à mars), s'écoulent, par des gorges pittoresques, — une vraie Suisse africaine, à ce qu'assure Barth, qui le premier a visité ces montagnes, — des eaux excessivement abondantes. Celles qui s'échappent par le versant sud s'en vont au Niger et, par ce fleuve, au golfe de Guinée ; celles du versant nord suivent la longue vallée de l'Igarghar et, par le chott Melrhir, dont nous reparlerons tout à l'heure, communiquent avec la Méditerranée. Mais, de ce côté, au lieu de couler à ciel ouvert, elles sont absorbées par le sol spongieux (1) et filtrent sous terre jusqu'à la couche imperméable, d'où il faut les rappeler à l'aide de sondages.

En somme, le Sahara, de même que le Fezzan, figure le dernier escarpement du plateau médian de l'Afrique ; seulement, c'en est la partie la plus stérile, parce que les pluies y font défaut. Rohlfs affirme que, du côté méridional, grâce à l'humidité que les moussons du sud-est apportent au nord du lac Tsad, la végétation arborescente, précédée d'une avant-garde de savanes herbues et de fourrés de mimosas, empiète graduellement sur le désert. Toujours est-il que la mer de sable, avec son semis varié d'oasis, qui sont autant de ports de relâche pour le voyageur, couvre plus de deux cent mille lieues carrées, de la vallée du Nil à l'Atlantique et du Soudan à l'Atlas, soit une superficie

---

(1) *Chott* signifie élargissement, et le mot *melrhir* (ou *melghir*) veut précisément dire *spongieux*.

égale aux deux tiers de l'Europe, avec une altitude moyenne de 700 mètres environ. Les niveaux varient toutefois très sensiblement d'une région à l'autre. C'est ainsi que, tandis qu'au sud et à l'est du Grand Désert le sol se relève en intumescences de grès ou de granit de mille mètres et plus, le chott Melrhir ci-dessus mentionné est à plus de quinze mètres en contre-bas du golfe des Syrtes, de sorte qu'il suffirait de percer l'isthme de Gabès, au dessous de Tunis, pour remplir avec les eaux de la Méditerranée le vaste bassin qui s'étend, de là, sur cinq degrés environ à l'ouest. Cette mer intérieure existait jadis, et il est même probable qu'à une époque géologique assez rapprochée de la nôtre, la Méditerranée, bien différente alors de ce qu'elle est aujourd'hui, submergeait une partie du Sahara et envoyait un large bras contourner l'Atlas par le Sud. Le soulèvement graduel du désert diminua peu à peu l'étendue de cette masse d'eau quaternaire, dont bientôt il ne resta plus qu'une sorte de *fiord* allongé baignant le pied de la chaîne orientale.

Toujours est-il que le poète Pindare, puis Hérodote, parlent d'un fleuve Triton (l'Igarghar actuel) qui venait se jeter, en cette partie des rivages libyques, dans la baie du même nom. Plus tard, au IIe siècle avant Jésus-Christ, Scylax, l'auteur du Périple de la Méditerranée, constate que l'estuaire s'est déjà obstrué. L'ensablement ne cessa de progresser par la suite ; les molécules arénacées provenant de la mer rétrécirent, puis finirent par fermer complètement l'entrée du bassin. Au temps de Pomponius Méla le géographe (Ier siècle de notre ère), la séparation était consommée : « Au delà du golfe de la Syrte, nous dit-il, est le grand *lac* Triton, qui reçoit les eaux du fleuve du même nom. »

La période qui suit voit s'accomplir la seconde phase du phénomène, à savoir l'épuisement du lac lui-même (désormais isolé de la mer) par l'effet d'une active évaporation à laquelle ne peut suppléer l'apport d'ondes fourni par le fleuve issu du Hoggar. Le bassin primitif se scinde alors en de petits lacs distincts dont Ptolémée mentionne l'existence; puis, la nature continuant son œuvre lente et fatale, ces lacs disparaissent à leur tour; il n'en reste plus que ces chotts salés qui s'échelonnent aujourd'hui dans la même région, et quant à cette grande rivière Igarghar qui avait fécondé le Sahara sur une longueur de près de 200 lieues, elle n'est plus qu'un sillon desséché, encombré de cailloux et de sable. « Comment appelez-vous ce que nous voyons là? » demandait M. Largeau à son guide, en lui désignant l'immense dépression dont les berges abruptes avaient jusqu'à cent mètres de haut, et dont la rive opposée était si lointaine qu'à peine en pouvait-on discerner les formes. — « Cela, répondit le guide, c'est un *fleuve mort.* »

Peut-être n'est-il plus possible de ressusciter aujourd'hui ce fleuve mort; mais, en rappelant la Méditerranée dans le bassin des Chotts, en recréant l'immense nappe marine disparue, on pourrait peut-être modifier en partie le climat de l'Algérie et de la Tunisie, principalement au sud de l'Aurès, et rendre, par suite, plus facile, en même temps que plus profitable, l'œuvre de colonisation dans cette zone africaine.

Le percement de l'isthme de Suez et le remplissage des lacs Amers situés sur le parcours sud du canal creusé par M. de Lesseps n'ont-ils pas influé d'une heureuse manière sur les conditions climatériques des régions égyptiennes voisines? Là où auparavant il ne tombait pas une goutte d'eau, les pluies maintenant sont devenues fréquentes; là où règnait l'aridité, ont surgi

GERHARD ROHLFS.

de magnifiques oasis, taches de verdure qui gagnent de proche en proche sur les sables. Pourquoi la rupture de l'isthme de Gabès n'amènerait-elle pas les mêmes résultats? N'y a-t-il point près de là, par surcroît, un condensateur prêt à fonctionner, cette grande chaîne transversale de l'Aurès? Sur ses sommités, de plus de

2,000 mètres, les vapeurs enlevées par les vents propices à la nouvelle mer intérieure iraient se résoudre en ondées bienfaisantes, qui transformeraient certains oueds en rivières permanentes et ramèneraient la végétation, tandis que la végétation à son tour activerait les chutes d'eau célestes et adoucirait d'autant le climat, non-seulement au profit de ce versant sud, mais encore au profit de la zone côtière, où le redouté sirocco arriverait en outre moins sec et moins énervant.

III

Une autre idée, moins pratique peut-être jusqu'à nouvel ordre, mais faite pour séduire encore davantage l'imagination, c'est celle d'un chemin de fer transsaharien, de l'Algérie au Niger et à la côte du Sénégal. A ce projet se rattache le nom de M. Soleillet, comme au projet de mer intérieure se rattache celui de M. Roudaire. C'est, on se le rappelle, en étudiant la section septentrionale du tracé de cette ligne gigantesque qu'a péri le colonel Flatters (1881), et ce drame forme même un des épisodes les plus émouvants de l'histoire des explorations françaises en Afrique.

Le colonel Flatters, accompagné des capitaines Masson et Dianous, des ingénieurs Roche, Béringer et Santin, et du docteur Guiard, était parti d'Ouargla avec une nombreuse escorte d'Arabes algériens. Après avoir remonté l'oued Miya, il avait gagné une des routes de Ghadamès à In-Çalah, puis avait atteint la vallée de l'Igarghar, à l'endroit où s'y embranche l'oued Rharis. Longeant ensuite les avant-monts du massif touareg, il était parvenu à la *sebkha* d'Amagdor, mine de sel qui alimentait jadis le commerce de la Nigritie, et où, pour cette raison, on désirerait faire passer le railway. Au delà du puits d'Asiou, un peu plus à l'est, le guide feignit de s'être trompé de chemin, et insista pour que la colonne campât à l'endroit où elle se trouvait. C'était le 16 février. Le colonel voulut quand même se rendre à l'aiguade la plus proche, et il partit sous la conduite du guide avec le capitaine Masson, le docteur Guiard, et MM. Béringer et Roche. Ce fut à cette station aquifère qu'une insigne trahison, préméditée par la tribu des Oulad Sidi Cheik (1), de connivence avec le chef suprême du Hoggar et un certain nombre d'hommes de l'escorte, amena le massacre des cinq explorateurs isolés du gros de la caravane.

En apprenant ce qui s'était passé, le capitaine Dianous, M. Santin, et les Arabes restés en dehors du complot, n'eurent plus d'autre ressource que de battre en retraite le plus vite possible. En douze jours de marche forcée, ils eurent refait la partie du trajet qu'ils avaient mis précédemment trois semaines environ à accomplir. Par malheur, ils étaient surveillés dans leur fuite. Une première fois, le capitaine Dianous rencontra une tribu vassale des Oulad Sidi Cheik, qui lui offrit des dattes empoisonnées ; le lendemain, à la source d'Amdjid, il se heurta contre une embuscade de Touareg. Un combat désespéré s'engagea où le capitaine fut frappé à mort, tandis que M. Santin succombait au poison pris la veille. Du personnel

(1) C'est-à-dire les *Enfants de Monseigneur* (le marabout) Toute tribu arabe dont le nom commence par le mot *Oulad* est noble, et se rattache ou prétend se rattacher par son origine aux conquérants primitifs venus de l'Asie.

français de la mission, il ne restait plus qu'un sous-officier de tirailleurs ; l'expédition de secours envoyée d'Ouargla le retrouva mort de faim et de soif au milieu du désert.

De la partie du Sahara que traverserait le chemin de fer en question, les districts les moins connus jusqu'à ce jour sont ceux qui se trouvent le plus à l'ouest, au dessous du Maroc. Des plaines de sables mobiles, dépourvues de sources et de rivières, y occupent une aire considérable, toutefois entrecoupée, là aussi, de cantons habités à l'aspect verdoyant. On sait que le docteur Oscar Lenz (1879-80), se donnant pour un médecin turc, a pu aller de Tanger à Saint-Louis à travers tout ce désert marocain et les régions qui s'étendent entre le coude extrême du Niger au nord et les avant-postes français du haut Sénégal. Chemin faisant, il a touché à Tombouctou, ou *Timbouctou*, ville qui est la métropole scientifique et religieuse du Soudan ouest, et, avec Kano, dans l'Haoussa, le marché principal des pays nigritiens.

Bâtie à dix kilomètres au nord du Niger, cette ville a été autrefois la capitale d'un puissant empire (le Meli ou Melo). Au XVIIIe siècle, le Maroc se la rendit tributaire ; en 1803, elle passa aux mains des Bambaras ; quelques années après, les Fellatas, dont nous parlerons au chapitre suivant, lui imposèrent leur domination ; mais, en 1844, ils se virent évincés à leur tour par les Touareg, les grands écumeurs de toutes ces contrées. Depuis lors, en vertu d'une sorte de compromis, Fellatas et Touareg semblent s'y partager le pouvoir sous la suprématie spirituelle d'un cheik *rouma* d'origine, c'est-à-dire descendant des soldats marocains établis dans le pays.

Le célèbre voyageur Léon l'Africain est le premier qui l'ait visitée au commencement du XVIe siècle. En 1795 Mungo-Park essaya d'y aller, mais l'état de guerre qui régnait dans cette partie du Soudan ne lui permit point de dépasser Kaarta, et l'on sait que, lors

FELLATA ET TOUAREG.

de sa seconde tentative en 1805, sa caravane ayant été attaquée, il se noya dans les eaux du Niger. Le major anglais Laing réussit en 1826 à gagner la ville mystérieuse, où un matelot, du nom d'Adams, l'avait, disait-on, précédé en 1810; par malheur, il périt assassiné, et les résultats de son voyage furent perdus pour l'Europe. René Caillé, un Français, effectua à son tour le trajet à deux années de là; mais l'expédition la plus mémorable fut celle de l'Allemand Barth, qui le premier (1853) gagna Timbouctou par l'est, complétant ainsi les découvertes de ses devanciers, Denham, Clapperton, Lander et Caillé.

Parti vers 1849 avec Richardson et Overweg, que l'Angleterre envoyait au Soudan central, il vécut cinq années dans le Bornou et l'Adamaoua, puis, de Kouka, traversant les fertiles districts haoussas, il atteignit, par Zinder (1), Kano, Katchéna, Sokoto et Gando, la vallée de Fogha et le cours du Niger, qu'il franchit à Say. Un peu plus loin, en mettant le pied dans la province de Dalla, où régnait le fanatique roi de Massina, qui jamais n'avait accordé le passage à un mécréant, il crut devoir se déguiser en Arabe, et, qui plus est, il se fit passer pour un chérif. Ce travestissement ne l'empêcha pas de courir, à plusieurs reprises, de très graves dangers. En dépit des rôdeurs touareg, il atteignit pourtant Timbouctou, où le fameux cheik El-Bakoy, une façon de pape du Soudan ouest, daigna le couvrir de sa protection; puis, par le même itinéraire, il regagna les districts du lac Tsad, sans avoir rien pu apprendre au sujet des sources du Niger.

Aujourd'hui encore, dans son cours supérieur extrême où se reproduit, sur une échelle moindre, la disposition irradiée du haut Nil, le Dhioliba (2) ou Niger nous demeure en grande partie inconnu. Longtemps du reste, toute la région côtière appuyée à la grande chaîne tortueuse des monts Kong, qui court au sud du bassin fluvial, ne fut désignée que par le genre de trafic que l'on trouvait à y faire: la côte des Esclaves, la côte de l'Or, celle de l'ivoire, celle du Poivre. Les

---

(1) Le Zinder au nord de l'Haoussa, qu'il ne faut pas confondre avec la localité homonyme sise sur le Niger.

(2) *Dhioliba, Isa, Kouara;* le cours d'eau porte ces trois dénominations, qui toutes signifient *fleuve.*

Hollandais ont d'abord dominé sur ce littoral, et des épaves de leur idiome apparaissent dans le français qui se parle à Saint-Louis et à Gorée. Actuellement, l'Angleterre et la France en sont les principaux occupants. En dehors toutefois des garnisons entretenues dans ces possessions africaines, le noyau européen sédentaire y est pour le moment bien peu de chose. Il y a là des comptoirs, des stations d'échange, plutôt que des colonies au vrai sens du mot. Presque aucun résident ne s'y fixe à titre définitif, et les essais de culture en grand n'ont jamais persisté. En ce qui concerne la Sénégambie particulièrement, ce n'est guère que dans ces derniers temps, sous l'active et savante direction de Faidherbe, qu'elle a commencé de devenir un poste colonial un peu important. Les tribus noires de la rive gauche du Sénégal, ainsi que les peuplades maures de la rive droite, ont été en grande partie pacifiées, et notre influence, remontant le cours du fleuve, s'est fait sentir aux abords du Niger. Seulement, ici comme ailleurs, à défaut d'une population de souche européenne pure, il faudrait une race créole se renouvelant et implantant ses racines dans le sol. Or il paraît que les croisements entre nègres et blancs ne réussissent pas, et, à la troisième génération, sont frappés de stérilité.

La France n'en travaille pas moins activement, stimulée par la concurrence britannique, à ouvrir au commerce de l'Europe le vaste bassin du Dhioliba. Déjà en 1863, le lieutenant de vaisseau Mage et le docteur Quintin avaient été envoyés en mission vers le royaume musulman de Ségou, un des plus importants états du Niger supérieur, en amont de Tombouctou. Nul Européen, depuis Mungo Park, n'avait franchi ce faîte orographique remarquable (monts Kong) qui sépare le Sénégal du grand fleuve nigritien, et d'où s'épanchent, aux quatre points de l'horizon, plus de vingt-cinq cours d'eau fécondants. Cette première négociation, heureusement conduite, avait posé un précieux jalon pour l'avenir. Tout récemment, en effet, (1881), à la suite des missions de MM. Gallieni, de Sanderval et Bayol, nous avons obtenu le protectorat exclusif du haut Niger et d'importantes concessions de territoires au Fouta-Djalon.

Cette dernière contrée, dont la capitale politique est Timbo, résidence du chef ou *almamy*, est, paraît-il, un pays très salubre, où domine l'élément foulah (ou fellata) déjà mentionné, et d'où descendent non seulement la Gambie et le Sénégal, mais encore divers affluents du Niger et toutes les rivières côtières jusqu'aux limites de la colonie anglaise de Sierra-Leone. Les montagnes y atteignent une très grande hauteur; on prétend même qu'il y a de la neige sur plusieurs de leurs sommités. Les indigènes affirment par exemple que, dans le voisinage de Timbo, il est une cime qu'on met trois jours à gravir et où se trouve de « l'eau blanche » que l'on peut « prendre avec la main ». Pour surcroît, ces districts sont excessivement opulents, avec de belles eaux claires et courantes, des sources ferrugineuses, des fruits de toute sorte, des forêts de bananiers, des tamariniers à l'état sauvage, des orangers de haute futaie, et, sur les terrasses verdoyantes des monts, des pâtis en nombre illimité.

Les explorations tentées au sud du Niger, c'est-à-dire sur la côte française du Gabon, par le cours de l'Ogooué ou Ogowaï, rivière équatoriale située juste sur la ligne du Victoria Nyanza, se résument principalement en deux noms, Savorgnan de Brazza et Paul du Chaillu. Le premier de ces voyageurs voulait

M. DU CHAILLU.

atteindre les sources du fleuve; il fut obligé de rétrograder devant l'hostilité des Apfourou, peuplade probablement parente de ces tribus nègres contre lesquelles Stanley avait eu à lutter sur le Congo. Du moins réussit-il à déterminer la limite orientale de l'Ogooué. Quant à M. du Chaillu, le célèbre chasseur de gorilles, il entreprit en 1865 de s'avancer, du même point de départ à peu près, jusqu'au plateau des Grands Lacs, pour redescendre ensuite le Nil jusqu'à la Méditerranée. Il échoua dans sa tentative, et c'est ici de nouveau le lieu de remarquer que, tandis que, de l'est à l'ouest, les voyages à travers l'Afrique équatoriale ont été presque tous heureux, dans le sens opposé en revanche on n'a guère à enregistrer que des échecs. Cette fatalité tient sans doute en partie à ce que, dans la première de ces directions, le continent, à partir de la côte, s'élève rapidement ; les rivières n'y ont qu'un cours restreint et n'y forment pas vers leur embouchure ces grands deltas marécageux d'où s'exhalent l'infection et la fièvre. Sur l'Atlantique au contraire règne une zone de terres basses où les fleuves, avant de gagner la mer, s'étalent et se ramifient en un réseau paludéen de lagunes et de *marigots* semés de bancs de vase qui sont une cause permanente de danger pour l'Européen.

IV

On a vu, par ce qui précède, que les investigations des Français se sont portées surtout par le nord et l'ouest, ce qui s'explique naturellement par la double base d'opération que leur offrent les établissements de l'Algérie et du Sénégal ; au contraire, dans les régions soudaniennes du centre, la gloire des dernières explorations appartient avant tout à des Allemands.

Naguère encore, le tracé du lac Tsad, avec la marge de terrain adjacente, était l'unique linéament qui interrompît le vaste espace laissé en blanc sur nos cartes en cette partie du continent noir ; aussi était-il naturel que ce point attirât le premier l'attention. Depuis l'ère nouvelle d'explorations ouverte à la fin du siècle dernier par la fondation de la Société africaine de la Grande-Bretagne, cette zone médiane a été en effet, à plusieurs reprises, l'objectif des investigations. En 1822, Denham et Clapperton franchirent les affluents du lac et poussèrent jusqu'au fond du Bornou, c'est-à-dire jusqu'au royaume de Logon ; trente-cinq ans plus tard, Richardson, Overweg et Barth s'y rendirent à leur tour, et ce dernier, on l'a vu, ne gagna Timbouctou qu'après un séjour de cinq années tant au Bornou que dans l'Adamaoua, situé plus au sud. On sut dès lors que la contrée soudanienne dont la ville de Kouka est le chef-lieu, comptait parmi les plus civilisées de l'Afrique musulmane. De tous les points du Sahara, les caravanes affluaient vers la grande cité bornouane. Le sol régional, lavé par des pluies abondantes, se prêtait à toutes les cultures, et les nombreuses populations groupées autour et au-dessous du Tsad (1), entretenaient de fréquentes relations avec les Etats mahométans du littoral méditerranéen, échangeant, à travers 500 lieues de désert, leurs productions et leurs esclaves contre des articles de fabrication européenne. Plusieurs routes, avec des gîtes d'étape bien connus des marchands, sillonnaient en divers sens l'espace intermédiaire, et convergeaient vers les principales oasis, entrepôts naturels de négoce.

Ce qui continuait de demeurer dans une ombre épaisse, c'étaient les régions limitrophes du Bornou, du côté où le Soudan central se raccorde au Soudan

---

(1) Le mot *Tsad, Tchad,* paraît aussi avoir, comme *Nyassa, Nyanza,* le sens de « grand amas d'eau ».

égyptien. En 1856, Vogel, qui se trouvait à Kouka, entreprit de gagner à l'est l'Ouadaï (ou Wadaï), un de ces Etats du centre encore vierges de toute exploration. Un long temps s'étant écoulé sans qu'on eût de ses nouvelles, on organisa en 1861 par la voie de Khartoum une expédition de recherche et de secours sous la direction de M. de Heuglin, à la rencontre duquel un autre Allemand, Maurice de Beurmann, se chargea d'aller en sens opposé. La première des deux caravanes ne s'avança pas même jusqu'au Darfour; en revanche, elle explora une grande partie de la Haute-Nubie, contrée déjà vue par M. Hartmann et qui forme au nord les gradins d'accès du massif abyssin. De Beurmann, lui, périt, dans le Kanem (à l'est du lac Tsad), sous les coups d'une bande de fanatiques, et quant à Vogel, son compatriote, qu'il s'était proposé de rejoindre, il avait trouvé une mort analogue sur le territoire ouadaïen.

De toutes les explorations allemandes, la plus heureuse, abstraction faite des voyages de Barth, a été celle du docteur Nachtigal, à qui la Société de géographie de Paris a décerné en 1876 sa grande médaille d'or. A l'improviste, sans fracas, presque sans apprêts, il se met en route de Tripoli (1869), arrive à Mourzouk, capitale du Fezzan, pousse de là une pointe hardie vers l'écheveau de monts et de vallées (Tibesti ou Tou) qu'habite la peuplade demi nomade des Toubou (1), se voit retenu près de deux mois prisonnier dans cet étrange district africain où nul « infidèle » encore ne s'était hasardé, et qui, pour les Arabes eux-mêmes,

(1) *Toubou*, gens du *Tou* (comparez *Kanembou*, gens du Kanem); le singulier est *Tedêtou*, comme celui de *Touareg* est *Targui*.

était une sorte de terre inconnue, s'en évade enfin inespérément à travers mille péripéties drama-

GÉNÉRAL FAIDHERBE, GOUVERNEUR DU SÉNÉGAL.

tiques, et réussit à regagner Mourzouk au moment où l'on venait d'y apprendre l'assassinat de Mlle Tinné, partie en même temps que lui de cette ville pour se diriger vers le val Gharbi (route de Ghât), chez les Touareg. Au printemps de l'année suivante, s'adjoignant à une ambassade musulmane qui se rendait au Bornou, le docteur gagne l'hospitalière cité de Kouka, où régnait toujours ce bon cheik Omar qui avait fait un accueil si cordial à ses devanciers Barth, Overweg, Vogel, de Beurmann et Rohlfs, et auquel, de la part du roi de Prusse, non encore empereur d'Allemagne, il avait mission de remettre, à titre de remerciements, tout un stock de cadeaux. Après un séjour de dix mois dans cette ville, il se remet en route en avril 1871, avec une tribu nomade d'Oulad Sliman qui s'en allaient aux oasis du Borkou faire leur cueillette annuelle de dattes, tout en *razziant* de leur mieux la contrée et en détroussant même au passage les caravanes de marchands indigènes. Il visite ainsi, en compagnie de la horde pillarde et au prix de maintes tribulations, tout le réseau de vallées qui s'étend au nord-est et à l'est du lac Tsad, et notamment ce hameau reculé du Kanem (au val Djougou), où de Beurmann avait été égorgé par les ordres d'un officier ouadaïen, désireux d'empêcher le « chrétien » de pénétrer sur le territoire de son maître.

L'année d'après, janvier 1872, il s'enfonce au sud, le long des rives du grand fleuve Chari, le principal tributaire du Tsad, — encore un cours d'eau africain dont la source nous demeure inconnue — rejoint, au pays païen des Gaberis, le roi du Baguirmi, Mohammedou, alors en guerre avec l'Ouadaï et chassé de sa capitale Masségna, puis assiste, à la suite de ce prince errant, à des scènes de guerre effroyables, marquées d'épisodes presque fantastiques. Rentré à Kouka en septembre, il en repart bientôt pour reconnaître le lac Fitri, arrive ensuite à Abesché, chef-lieu de l'Ouadaï, et, poussant toujours à l'est, au travers du Darfour et du Khordofan, atteint, après trente-quatre jours de marche par une zone sans eau, la ville de Khartoum, juste comme une armée égyptienne s'avançait à la conquête des derniers pays à l'ouest du Fleuve Blanc.

L'odyssée entière du docteur Nachtigal avait duré cinq années pleines. Sauf le Baguirmi, sur lequel Barth, en 1852, avait réuni quelques renseignements, et le Darfour, ou plutôt le Darfor (pays des *For*), visité par un seul voyageur, l'Anglais Browne, au siècle dernier (1793), toutes les autres régions, qui, du Bornou au Soudan égyptien, s'appuient à la lisière sud du désert, étaient restées jusqu'alors absolument inconnues. Chemin faisant, l'explorateur avait, par surcroît, recueilli des informations abondantes sur nombre de contrées et de tribus limitrophes, l'Ouadjanga (ou Wanjanga), le Dar Rounga, le Dar Banda, le Dar Fertit, d'autres encore, achevant ainsi de défricher sur nos cartes bien des espaces demeurés vagues entre le lac Tsad et le Nil supérieur, et accomplissant pour le Soudan oriental et central ce que Barth, son devancier, avait fait pour le Soudan ouest.

Au sud des derniers districts précités, et notamment du Dar Banda, situé juste à la latitude des Niam-Niams et de Gondokoro, s'étend encore une vaste zone enveloppée de mystère, où se trouve sans doute la ligne de partage d'un certain nombre de fleuves importants tels que le Binoué, cet immense affluent de gauche du Niger, et le Chari, tributaire du lac Tsad. En 1878, Rohlfs a voulu gagner cette zone; mais son voyage s'est réduit, par le fait, à une excursion en Tripolitaine. Plus récemment (1880) deux

Italiens, MM. Matteucci et Massari, ont accompli la traversée de toute la section orientale et centrale de la Nigritie musulmane. Partis de Khartoum, ils ont franchi le Khordofan et le Dar For, atteint, eux aussi, Abesché, chef-lieu de l'Ouadaï, et, au lieu de revenir par le Sahara, où l'on s'attendait à les voir reparaître, ils ont, du Bornou, gagné le golfe de Guinée. Mais si remarquable et si fructuux qu'ait été ce voyage, complément des explorations antérieures, il n'en laisse pas moins, disons-le tout de suite, dans son obscurité opiniâtre la bande médiane du Soudan païen qui va s'allongeant au dessus de l'Équateur.

V

Nous avons vu que dans l'Afrique australe proprement dite, laquelle commence vers le 17e degré de latitude sud, c'est-à-dire au cours du Zambèse, l'initiative des explorations modernes revient encore au docteur Livingstone. De longue main cependant les traitants portugais en avaient fouillé les districts intérieurs, et l'on acquiert chaque jour la preuve que depuis plusieurs siècles la région qui, de Mossamédès et de Benguela (côte occidentale), s'étend à l'est dans la direction du lac Bangouéolo, était connue à fond de beaucoup d'entre eux. Seulement ils avaient grand soin de tenir secrètes leurs notions, afin de se réserver, au détriment des autres nations, le monopole du commerce de la gomme et de l'ivoire dans ces riches contrées.

Une chaîne de montagnes recourbée du nord-est au sud-ouest, et dont quelques pics culminants atteignent à l'altitude de 2,500 à 3,300 mètres, sillonne cette partie du continent noir. A ses reliefs s'appuient, comme à autant de parapets, de vastes plaines étagées

BARTH.

en terrasses, les unes fertiles et riantes, les autres glabres et brûlées du soleil. A partir du Cap, où l'arête dorsale expire en une sommité aplatie, à laquelle sa forme a valu le nom de mont de la Table, se succèdent trois zones parfaitement distinctes. La première est la bande maritime, au climat tempéré et variable, où s'ouvrent les havres, assez mauvais, que desservent des lignes régulières de paquebots; la seconde comprend le steppe du Karrou, situé déjà à 1,400 mètres; la troisième est le vaste plateau qui se développe sur les deux rives de l'Orange. Les premiers palmiers flabelliformes (lataniers) ne se rencontrent qu'à partir de Schochong, sur le territoire des Betjouanas indépendants, c'est-à-dire au point d'intersection des chemins qui relient le Transvaal au Ngami et aux Lacs salés d'alentour. Cette dernière région, entre le Limpopo et le Zambèse, a été principalement explorée par MM. Carl Mauch et Holub. Quant au désert de Kalahari, qui englobe la majeure partie de l'espace situé entre le Ngami et le fleuve Orange, ce n'est pas tout à fait, comme on le dit parfois, le Sahara du sud. Le sol, en certaine saison, s'y couvre d'une herbe résistante et drue qui fournit une excellente nourriture aux troupeaux; les forêts d'acacias y côtoient la plaine aride et nue; les sables mobiles et ténus y confinent aux bancs d'argile solide, si bien que cette solitude, élevée d'un millier de mètres au-dessus de l'océan, ressemble à la fois et tour à tour aux plaines sahariennes, aux pampas d'Amérique et aux steppes de Russie.

Un seul Européen, jusqu'à ce jour, a traversé d'une côte à l'autre cette partie sud du triangle africain : c'est le major portugais Serpa Pinto (1877-78). Parti de Benguéla, juste au moment où Stanley, auquel il put serrer la main au passage, venait d'achever sa merveilleuse descente du Congo, il suivit le cours du Counené, rivière qui arrose la province de Mossamédès, atteignit le Coubango, puis le Zambèse, dont il semble avoir découvert la source ou une des sources (la Gnrengo), et, après avoir exploré la région des cataractes, arriva par le désert de Baynes à Schochong, ville bamangouato qui a été en ces derniers temps pour les voyageurs dans l'Afrique australe ce que Kouka, la cité bornouane, a été pour ceux qui parcourent le Soudan central. De Schochong enfin, il atteignit Prétoria, capitale du Transvaal, se rendit à Durban (Port Natal), puis revint en Europe par la voie de Zanzibar et de Suez, après avoir enrichi nos cartes géographiques de notions précieuses concernant les districts au nord du Ngami, et nous avoir révélé l'existence de peuplades que l'on ne peut que nommer ici au passage, Caquinguès, Bihénos, Ganguélas, Quimbandès, Ambouélas, Moucasséquérès, Louinas et autres.

La caractéristique de l'Afrique australe, ce sont les facilités relatives qu'elle offre à la colonisation. Du Cap au désert de Kalahari, les Européens ont pris possession de la contrée, et déjà même l'immigration a débordé par delà le Transvaal, et, tournant les plaines sablonneuses de l'ouest, a jeté une avant-garde de pionniers du côté des Hottentots Damaras et sur les rives du grand lac Ngami. Les Anglais possèdent tout le littoral sud, avec les vastes plateaux qui s'échelonnent jusqu'au fleuve Orange; les Portugais sont maîtres de la baie Delagoa (Lorenzo Marquès), et l'élément mixte des Boers forme, à l'intérieur, deux Etats contigus, qui s'étendent depuis la rivière précitée jusqu'au fleuve Limpopo. Quant aux aborigènes, la civilisation les presse à vue d'œil, et l'on peut déjà supputer le moment où ces peuplades primitives auront perdu leur existence propre et leur cachet d'individualisme.

Bien plus, entre les deux grandes races occupantes, Anglais et Néerlandais, l'antagonisme s'accuse chaque jour davantage. Expliquons donc brièvement leur situation respective.

Quand la Grande-Bretagne, au cours des guerres du premier Empire, fit main basse sur la colonie hollandaise du Cap, afin de l'empêcher de tomber, comme sa métropole, aux mains de Napoléon, il s'ensuivit un état de choses singulier. Les Anglais, qui, en Europe, étaient les alliés des Hollandais, se trouvèrent devenir en Afrique leurs ennemis. Vainement essayèrent-ils de se concilier leurs nouveaux sujets. Aujourd'hui encore, entre les deux éléments de population, il y a une sorte de schisme social qui commence dès le Cap et va s'accentuant de plus en plus, à mesure qu'on s'avance vers le nord. Les Anglais dominent généralement dans les villes et les grosses bourgades, tandis que, dans les campagnes, la prépondérance appartient aux Néerlandais; on a même remarqué que ces derniers ne voient jamais d'un bon œil les Anglais s'établir dans leur voisinage; dès qu'il en afflue un trop grand nombre dans un de leurs cantons, ils vendent les fermes qu'ils y possèdent pour s'en aller dans un autre district, où ils puissent se retrouver en famille.

L'antagonisme date surtout de 1834, époque où le gouvernement britannique abolit brusquement l'esclavage dans le pays. Les colons primitifs, privés ainsi du jour au lendemain d'auxiliaires précieux et à bon marché, virent dans la mesure d'émancipation un acte de spoliation arbitraire, et cela d'autant plus que l'indemnité promise à cette occasion ne fut jamais payée, assure-t-on.

MONT DE LA TABLE.

Dès ce moment commença un vaste mouvement d'exode. Pareils aux vieux Germains leurs ancêtres, des milliers de cultivateurs hollandais montèrent dans leurs chariots, et, poussant devant eux leurs bestiaux, s'en allèrent chercher une patrie nouvelle dans les solitudes de l'Afrique australe. Le nouveau Chanaan où ils émigraient n'avait point possédé, à l'origine, d'habitants sédentaires; ce n'était qu'une sorte de territoire de passage où les indigènes venaient se disputer les meilleurs pâtis. Un peu plus tard, vers 1820, les Griquas, sang-mêlé de Néerlandais et de femmes hottentottes, s'étaient emparés à titre fixe d'une partie de la région. Tout alentour les tribus cafres se faisaient une guerre acharnée. Un chef zoulou, Mosélikatzé, avait semé de toutes parts la mort, la dévastation, l'incendie, et dispersé les tribus de Barolongs, de Bassoutos et de Corannas.

Les émigrés hollandais ou *Boers* (paysans) — c'est le nom que les Anglais leur donnèrent — arrêtèrent cet Attila nègre, et par le seul fait de leur installation dans le pays, qu'ils se mirent à défricher à grandes sueurs, ils formèrent d'abord une sorte de tampon protecteur entre la colonie du Cap et les hordes sauvages de l'intérieur, toujours prêtes à un retour offensif. Tout en faisant sans cesse le coup de fusil contre les fauves (hommes et bêtes), ils réussirent peu à peu, à force d'énergie et de travail, à se créer une patrie toute à eux, l'Etat libre d'Orange, ainsi appelé du cours d'eau au delà duquel il se trouve. En 1842, nouvelle émigration de Boers. C'étaient les colons de Natal, qui, dépossédés à leur tour par la Grande-Bretagne de la contrée qu'ils avaient conquise, au prix de leur sang, sur les Zoulous, allèrent s'établir au delà du grand affluent de droite de l'Orange, et fondèrent la république du Transvaal.

Mais il arriva ce qui devait arriver. Les Anglais ne purent s'habituer à voir dans ces paysans autre-chose que de purs fugitifs et des révoltés. La guerre éclate bientôt (1845), et le lion britannique met la griffe sur l'État d'Orange; en 1854 toutefois, il se décide à restituer à ses propriétaires légitimes un pays dont la garde lui causait trop de tourments; mais, à dix-sept ans de là, il ampute la jeune république de toute une province, celle du Griqualand occidental, où se trouvent ces fameuses mines de diamants qui donnent aujourd'hui un rendement annuel de plus de cent millions; puis, non content de cette expropriation pure et simple, accomplie en vertu du droit du plus fort, il annexe, au printemps de 1877, à son gigantesque empire colonial, l'autre république sud-africaine, le Transvaal. Moins de trois ans après, il est vrai, les Boers de ce dernier Etat, qui n'avaient cessé de protester contre l'acte de spoliation, revendiquent leur indépendance les armes à la main, et ces tireurs sans pareils, embusqués dans les défilés de leurs montagnes, font subir aux Anglais de telles pertes, que le ministère Gladstone, craignant de voir tout l'élément néerlandais de l'Afrique australe qui, du Cap au fleuve Limpopo, ne forme qu'une grande famille solidaire, se soulever en masse contre les visées d'hégémonie britanniques, se décide à conclure la paix et à restituer aux Transvaaliens leur autonomie antérieure.

On sait que la population boer n'est pas de sang néerlandais pur; il s'y mêle d'autres éléments, allemand, frison, flamand et français, ce dernier remontant à l'émigration de huguenots qui suivit la révocation de l'édit de Nantes (1685) ; mais, avec le temps, la fusion de ces races diverses s'est consommée, et la seule langue aujourd'hui en usage dans ces régions lointaines de l'Afrique, c'est le hollandais, singulièrement corrompu, il est vrai, par l'adjonction de mots malais, anglais, hottentots et cafres, qui en font un idiome sonnant bizarrement aux oreilles d'un Amsterdamois cultivé.

L'Etat libre d'Orange, peuplé de soixante milliers de blancs et de trente mille noirs environ, répartis en treize petites villes ou villages et en six ou sept mille fermes isolées, figure, presque en son entier, un plateau ondulé qui, des monts du Dragon (Drakensberg), ligne de faîte du côté de l'Orient, s'incline au nord-ouest et à l'ouest vers les rivières Vaal et Orange. A ces deux grands courants fluviaux, affluent de petits tributaires, tous bordés de pacages magnifiques, avec des rideaux de mimosas et autres essences de la zone. De nombreuses chaînes de collines rocheuses ou des intumescences en forme de table accidentent de place en place la grande plaine centrale, en donnant naissance à des paysages qui ont leur attrait caractéristique.

Tout ce plateau jouit d'un renom spécial de salubrité ; c'est, pour ainsi dire, le pendant en Afrique de ces Montagnes-Bleues du Dekhan, les Neilgeris des Todas pasteurs, où les Anglais, à qui reviennent tous les bons sites de ce monde, ont déjà créé plusieurs stations thérapeutiques. L'atmosphère, sèche et fluide, la température, très égale, conviennent, paraît-il, à merveille aux gens atteints du poumon ou de la gorge. C'est pourquoi Bloemfontein, le chef-lieu du pays, est en passe de devenir quelque chose comme la Nice du continent noir. Depuis que Livingstone particulièrement a signalé l'excellence de ce climat, nombre de malades, des Anglais toujours, cela va sans dire, entreprennent tout exprès le voyage du Cap pour faire une cure d'air sur ces hauts steppes. Pour surcroît, à cette zone tonique entre toutes, attient une sorte de Suisse africaine aux sites ravissants, pourvue de conifères, de cascades, et dont certains pics s'élèvent à trois mille mètres au-dessus de la mer. Cette contrée alpestre, c'est le Bassoutoland, encore un pays qui, par droit de conquête primordiale, eût dû demeurer le lot des colons de l'Etat libre, et qui est devenu possession britannique. Là où le Boer a semé, c'est presque toujours l'Anglais qui récolte.

Quant à la république du Transvaal, aussi vaste que la péninsule italienne, elle embrasse du sud au nord tout le territoire compris entre le Vaal, affluent de l'Orange, et le fleuve Limpopo (rivière des Crocodiles), dont le sillon demi-circulaire aboutit à la baie Delagoa. A l'est, la chaîne des monts Lolombo la sépare de cette colonie portugaise; au sud-est, le Drakensberg se dresse entre elle et le Zoulouland; à l'ouest enfin, du côté des tribus batlapines, elle a pour frontière la rivière Pogola. Cette contrée transvaalienne est comme le jardin de l'Afrique australe. A part quelques bas-fonds près des cours d'eau et certains coins de l'extrême nord, ce pays, prolongement du haut plateau de l'Etat libre, jouit d'un climat excessivement sain.

Le Delta du Nil, les prairies de l'Ouest américain n'offrent pas un sol plus fertile. Si les bras ne lui faisaient défaut, comme à cette magnifique terre de Natal, de l'autre côté des monts du Dragon, la région, parfaitement arrosée, pourrait nourrir toute l'Afrique australe et exporter encore en Europe un énorme excédent de productions. Les districts du centre, de l'est et du sud sont surtout propres à la culture du froment ; les blés de Prétoria (chef-lieu du pays) et ceux du canton de Leydenburg ont été médaillés à Paris. Au nord prospèrent particulièrement le café, le thé, le coton et le tabac ; dans les terres basses et humides, les plantations de cannes à sucre et de riz réussissent à merveille. N'oublions pas les immenses pâtis où le gros bétail disparaît dans des herbes d'un mètre et demi de haut. Les fruits de toutes sortes surabondent également, ainsi que les légumes, et l'on peut dire que chaque saison approvisionne diversement, de ce chef, l'office du fermier. Ce n'est pas tout : le sous-sol entier du pays renferme des richesses inimaginables ; le cuivre, l'étain, l'argent, le fer, le plomb et la houille s'y rencontrent presque partout, et l'or y constitue des gisements qu'on n'est pas près d'épuiser, s'il est vrai, comme on l'assure, que les fameuses mines de Leydenburg, exploitées depuis 1871, se prolongent jusqu'au cours du Zambèse. Aussi, cette circonstance, jointe à la découverte de ruines immenses, à la latitude de Sofala, a-t-elle amené le savant Mauch à supposer que c'était dans ces parages africains que se trouvait la légendaire Ophir de la Bible (1), « d'où les flottes ne revenaient que la troisième année », et qui fournit au roi Salomon l'or destiné au temple de Jérusalem.

(1) Il y a, on le sait, une autre Ophir au sud de l'Arabie : laquelle des deux est celle de Salomon ? C'est une question non encore tranchée.

CHAPITRE IV

LES POPULATIONS DE L'AFRIQUE. — NÈGRES ET NÉGROIDES. — LA RACE NIGRITIENNE. — LES CAFRES DE L'AFRIQUE AUSTRALE. — L'ÉLÉMENT HOTTENTOT. — LES BOSCHIMANS. — GAMME DE COULEURS.

I

L'Afrique, qu'on appelle le *pays des Noirs*, ne mérite pas seule au monde cette désignation; l'Océanie a aussi sa race noire, Négritos de la Mélanésie, Papouas de la Nouvelle-Zélande, Néo-Calédoniens, Australiens, Tasmaniens. Elle ne la mérite pas non plus d'une façon absolue; car, sans parler des Berbères et des Arabes immigrés, beaucoup de peuplades du continent ne rentrent ni dans le type nigritien, ni dans le type cafre, les deux grandes divisions auxquelles se rattachent les principaux groupes indigènes.

Des rivages méditerranéens au Soudan — *Beled el Soudan*, le pays des noirs, — la transition, au point de vue ethnique, comme au point de vue de la faune et de la flore, se fait graduellement, par une série de nuances dont il n'est pas toujours aisé d'établir l'exacte démarcation.

Les Berbères eux-mêmes, ces descendants des possesseurs primitifs du sol, constituent dans l'Afrique septentrionale une population aussi variée de teint que de mœurs. Déjà, à peu de distance de la côte, leur race, fort altérée à travers les siècles, offre des bigarrures singulières. Sur les monuments de l'ancienne Egypte, le Berbère est représenté comme un homme pâle ou roux, avec des yeux bleus. De nos jours encore, dans le Berbère d'Algérie, chez qui prédomine la couleur rougeâtre, — en Kabylie les individus blonds ne sont même pas rares, — l'élément natif demeure visible aux yeux de l'ethnographe; ce qui n'empêche pas toutes sortes de mélanges hétérogènes, mélanges de Phéniciens, de Grecs, de Romains, d'Arabes, de Turcs, de Nègres, sans préjudice des esclaves chrétiens capturés par les pirates barbaresques, d'avoir modifié successivement le vieux sang libyen. Aussi, depuis l'effigie du Sémite à la noire prunelle et au nez aquilin, jusqu'à celle du Vandale à l'œil et à la barbe clairs, des nuances physiques parfaitement distinctes s'accusent-elles dans les gens du Djurjura.

A ces Berbères sédentaires du littoral que, dès le début de la conquête, nous avions commis l'erreur de confondre avec les Arabes, succèdent les Berbères nomades du désert, les *voilés* (*Moulat-Temoun,*) que les Arabes appellent *Touareg* (au singulier *Targui*, abandonné de Dieu) et qui se nomment eux-mêmes *Imoschach*, c'est-à-dire les libres, les indépendants. Retranchés derrière les sables du Sahara, ces derniers ont mieux échappé aux influences venues du Nord, et ont même gardé leur antique langage avec ses caractères écrits. En revanche ils ont davantage subi l'empreinte du midi et reçu une plus forte infusion de sang noir. Seul, le Berbère marocain, moins atteint par l'invasion arabe, et à qui sa pauvreté n'a pas

BIVOUAC DE CAFRES.

permis d'acheter beaucoup d'esclaves soudaniens, a conservé, beaucoup plus pur, le type originel de la race. Pris dans leur ensemble, les Touareg se divisent d'ordinaire en deux groupes principaux : celui du Nord, Touareg Adzir et Hoggar, cantonnés dans le massif de montagnes qui coupe de biais le Grand Désert; et celui du Sud, Kiloui et Sorgou, auquel on peut rattacher la tribu berbère des Oulad-Immiden, pasteurs nomades vivant sur la rive gauche du Niger, de Timbouctou au village de Bourré, et portant tous le voile noir.

Si nous nous avançons plus au sud, vers l'ancienne *Phasania*, devenue la province ottomane du *Fezzan*, les nuances ethniques se compliquent davantage. La grande rue de Mourzouk, à l'heure du marché, présente une sorte de résumé des races de l'Afrique septentrionale. Toutes les variétés de teint, depuis la blancheur du Turc du Nord jusqu'à la couleur d'ébène du Nigritien pur, s'y trouvent confondues. Il en est de même d'ailleurs des langages : ici on parle arabe, là on s'exprime en toubou, ailleurs résonne l'idiome haoussa ou le kanouri du Bornou. Dans ce mélange toutefois, le Fezzanais proprement dit, arrière-neveu de l'ancien Garamante, se distingue encore très nettement, en dépit des altérations que lui ont infligées, d'une part, le double élément berbère et arabe, et, de l'autre, le fond nègre dû surtout à l'importation d'esclaves femelles tirées du Soudan. Les Garamantes, disons-le en passant, constituaient, aux yeux des Anciens, une espèce de sous-type libyen, intermédiaire entre l'habitant de la côte méditerranéenne et l'indigène de la lisière méridionale du désert : de là le nom de *Mélanogétules* qu'on leur avait donné jadis, et la désignation de race *subéthiopienne* que leur applique M. Duveyrier. Quand l'invasion mahométane eut amené un reflux des populations côtières vers le Sahara, et que, plus tard, la domination des rois du Kanem, puis du Bornou, se fut étendue jusqu'au Fezzan, ce dernier pays vit passer par chez lui tout le négoce qui ne tarda pas à se développer entre le nord de l'Afrique et les diverses régions nigritiennes. Des marchands de la côte méditerranéenne vinrent s'établir tant à Mourzouk que dans les oasis échelonnées en deçà et au delà de cette capitale du Fezzan.

Dès lors la route conduisant du golfe des Syrtes au lac Tsad se trouva sillonnée de caravanes dont la traite noire formait le trafic dominant. Aujourd'hui encore, les localités les plus importantes du Fezzan, Zella, Temissa, Sirrhen, Sokna, Gatroun, etc., sont presque entièrement aux mains d'étrangers sédentaires ou nomades, Arabes, Berbères, Touareg, Marocains et Toubou. Sous ce flux d'alluvions diverses, le vieux fonds phasanien s'est trouvé à la fin submergé, et il n'en reste plus actuellement qu'un noyau de peu d'importance.

Une seule contrée du désert méridional, bien que située dans le voisinage du Fezzan, et non loin de la route très fréquentée qui relie Mourzouk à Kouka, a échappé presque entièrement à ce mélange de races : c'est le pays que les Arabes appellent *Tibesti*, mais dont le nom indigène est *Tou* (Contrée Rocheuse). Grâce à l'isolement à peu près absolu où ils se sont maintenus jusqu'ici dans leur réseau presque inabordable de monts et de vallées, les habitants de cette étrange région ont gardé leurs caractères ethniques d'origine.

Autant le Fezzanais pur, au visage arrondi et sans

expression, apparaît lourd, vulgaire d'allures, ayant même, chose rare dans le désert, une propension à l'obésité, autant le maigre et nerveux Tedêtou (1) se distingue par ses formes souples et ses admirables proportions de corps. Il a généralement le nez presque droit, parfois même aquilin, la mâchoire et les lèvres bien conformées, le galbe ovale, le teint verdâtre ou jaunâtre, rarement noir, quelquefois même très clair. Bref, tout indique que nous avons affaire ici à une race plus proche de la grande famille berbère que des populations soudaniennes. Ce n'est que dans les districts intermédiaires entre le Tibesti et le lac Tsad que les indigènes, également sveltes, avec des traits encore réguliers d'ordinaire, commencent à présenter un teint plus foncé, et dont la nuance, le plus souvent, se pousse au rougeâtre. Quant aux autres peuplades du Sahara sud, elles se rattachent toutes, soit au type libyen altéré, soit à ce type mélanogétule où domine la couleur olivâtre et qui constitue une sorte de trait d'union entre le Berbère et le Nigritien.

II

Qu'on l'aborde par le Nil, par l'est, par l'ouest, aussi bien que par l'Atlas ou les Syrtes, l'Afrique nous présente des populations appartenant à ce qu'on peut appeler, par opposition, la race blanche du continent noir. Là où elles ne se sont pas conservées pures, elles

---

(1) Les *Toubou*, gens du Tou (singulier, *Tedétou*) : comparez *Kanembou*, gens du Kanem. Ils forment deux groupes : celui du nord, les *Teda*, et celui du sud, les *Daza* ou *Koran*.

ont formé, par leur contact avec les nègres, des groupes mixtes qu'on désigne sous le nom de *Négroïdes*, expression qui répond à peu près à celle de *Mélanogétules* déjà mentionnée. La zone équatoriale elle-même, celle que pendant si longtemps on a crue

FEMME BERBÈRE.

complètement brûlée et inhabitable, renferme des spécimens remarquables de cet élément ethnique au teint clair ou simplement bis.

Entre l'habitant de la Haute-Egypte et le Berabra (Nubien du Nil) la transition paraît presque insensible. Cette dernière race est encore un chaînon de cette immense population blanche qui couvre tout le nord de l'Afrique et que le Sahara sépare du domaine propre des Nègres. Plus au sud, l'Abyssin aborigène ou Agao accuse une teinte plus foncée, variant du noir au rouge cuivre, avec une chevelure frisée d'ordinaire, parfois lisse, très rarement crépue. Là aussi, dans l'extrême variabilité des caractères physiques, se décèle une peuplade sang-mêlé.

Viennent ensuite les Gallas ou Wahumas, qui eux-mêmes se nomment Ilmormas (fils de l'homme). C'est une race prodigieusement ramifiée. Des confins méridionaux de l'Abyssinie, qu'on croit être leur pays d'origine, ces nomades redoutés ont rayonné au loin vers le sud et l'ouest. Les bassins du Fleuve Bleu et du Fleuve Blanc supérieur leur appartiennent en partie, et ils sont au pied des cimes neigeuses du Kénia et du Kilimandjaro. Par leurs traits et leur conformation, ils se tiennent fort éloignés des nègres, bien que, sur tout le pourtour de leurs vastes frontières, ils se soient mêlés à ceux-ci, et que de ces croisements soient résultées diverses tribus métisses. Les Somalis, qui occupent le grand promontoire projeté vis-à-vis de l'Arabie (cap Guardafui), paraissent être un de leurs embranchements.

Ce coin oriental de l'Afrique est du reste comme le point de réunion des races diverses qui se partagent le continent noir. Là, en effet, se trouvent rapprochés, et mis en contact, le nègre pur, le demi-nègre (Founghi, Chillouk, Changalla), l'Ethiopien aborigène, frère du Galla et du Berabra, l'Arabe, émigré de sa péninsule au temps de Mahomet, puis le Turc et l'Européen. Là enfin, au-dessous de l'Equateur, apparaît le rameau le plus avancé de la race cafre du côté du nord, c'est-à-dire les Souahélis de Zanzibar, dont nous aurons occasion de reparler.

Que dis-je ? dans ce même sultanat de Zanzibar, ne voyons-nous pas grouiller côte à côte, avec les nègres et les Arabes, des Persans schiites venus de Mascate, des Hindous sounnites, des Banians (1) bouddhistes, des Parsis de l'Inde adonnés au culte de Zoroastre, des Malgaches ou Malais de Madagascar, sans préjudice de négociants d'Amérique : toutes les races, toutes les religions, tous les types et tous les costumes confondus avec toutes les fièvres dans cette sorte de Babylone africaine, devenue, on l'a vu (2), la grande porte d'accès du plateau des lacs.

Les riverains mêmes de l'Oukéréoué (Victoria Nyanza), semblent être un croisement de Gallas. Stanley nous dit que la personne de Mtésa, empereur d'Ouganda (3), rappelle les sculptures de Thèbes et les statues du musée du Caire. « Il a les mêmes lèvres fortes ; seulement ce trait est adouci chez lui par une expression affable, pleine de dignité, et de grands yeux, brillant d'une flamme inquiète, qui lui donnent une beauté singulière, spéciale à sa race. Sa peau est rouge brun-foncé et remarquablement lisse (4). »

Le même explorateur ajoute : « Pour voir l'Africain dans toute sa splendeur physique, il faut aller le chercher sous l'Equateur, à l'ombre fraîche des bananeraies, dans l'abondance que produit cette terre féconde. Après avoir admiré la teinte merveilleuse, la vigueur, l'éclat de cette feuillée gigantesque, la profusion de cette végétation constam-

(1) Hindous de la presqu'île de Gudcherat.
(2) Voyez ci-dessus, fin du chapitre II.
(3) Voyez ci-dessus, chapitre II, page 34.
(4) Stanley dit que ce Mtésa possédait une quantité de papyrus en bois de peuplier, où il consignait tous les détails des visites qui lui étaient faites par les « hommes blancs ». Si, quelque jour, ces chroniques nous étaient transmises et traduites, il serait, j'imagine, curieux d'y retrouver les impressions de surprise éperdue causées à l'empereur nègre par le peu qu'il a entrevu de notre civilisation et de nos mœurs.

ment printanière, on remarque que les habitants s'harmonisent avec le paysage et ne sont pas moins parfaits dans leur genre que les fruits gonflés de sève qui pendent en grappes massives au-dessus de leurs têtes. Tous leurs traits proclament qu'ils vivent au milieu de grasses prairies, de vallées fertiles, dans un pays de laitage, de miel et de vin. La puissance de ce sol, qui ne se repose jamais, paraît s'être infusée dans leurs veines. Leurs yeux brillants, au regard rapide, semblent refléter les rayons du soleil qui dore ces contrées ; leur corps, d'une belle nuance de bronze, leur peau fine, lustrée, humide, onctueuse, leurs bras et leurs flancs aux muscles fortement accusés, tout leur être enfin, trahit l'exubérance de suc et de vie. »

Quelle différence entre ce beau *kopi* (paysan) de l'Ouganda et le nègre sale et ventru que l'on connaît, avec son entourage de femmes obèses et d'enfants difformes ! Ce kopi ne réalise point peut-être les qualités d'activité qu'on estime en Europe ; néanmoins ses jardins sont bien tenus, ses champs couverts de millet, de sésame, de sorgho, de canne à sucre, de café, de manioc et de tabac, sa maison et ses cours soignées, ses palissades en bon état. Lui-même il est proprement vêtu d'un manteau en écorce de figuier attaché sur l'épaule et tombant jusqu'aux pieds. Au-delà de ses plantations est une prairie commune où ses chèvres et ses vaches paissent avec celles des voisins.

« En entrant dans la première partie de l'enclos, on aperçoit tout d'abord une petite hutte quadrangulaire consacrée au *Mouzimou* de la famille, génie domestique peu exigeant, qui se contente pour offrandes de boules d'argile, de brins de genévrier, de coquilles de limaçon, de bottelettes d'herbes, de cornes de bubales fichées en terre. De cette cour, une porte latérale donne accès dans une autre où s'élève une grande construction conique au toit en saillie et dont l'huis cintré est également surmonté de talismans protec-

FEZZANAIS.

teurs. C'est le logis du maître. Là, dans une demi-obscurité, on distingue une multitude de piliers soutenant la toiture ; il y en a tant que l'on se croirait au milieu d'une forêt. Tous ces fûts forment des espèces d'avenues conduisant aux divers points de la case, séparée du reste en deux pièces par un clayonnage intérieur. En arrière de cette hutte sont deux habitacles plus modestes, où travaillent les femmes, les unes confectionnant la pâte de banane d'où, après fermentation, sera extrait le *maramba* (boisson régionale), les autres préparant les herbes destinées à la cuisine ou aux drogues magiques, d'autres encore faisant sécher des feuilles de tabac, tandis que les plus âgées fument dans de longues pipes, et, tout en aspirant lentement chaque bouffée, bavardent ou narrent des histoires. »

III

Si nous prenons l'Afrique du nord-ouest, un fait va nous frapper tout d'abord : c'est l'existence, au milieu de tribus au teint de suie, d'une peuplade singulière, demeurée une énigme aussi bien pour leurs voisins du Soudan que pour les ethnologues de l'Europe. Ce sont les Fellatas (ou Foulahs, Foulbés, Peuls, le mot veut dire bergers), fixés sur le plateau de Timbouctou et le long des rives du Niger jusqu'à la côte de Sierra Leone. Grands, minces, le visage ovale, les cheveux presque lisses, le nez régulier, la peau couleur acajou foncé, ils parlent un idiome qui rappelle la langue des Berbères. Ils pourraient bien constituer tout simplement une race mélanogétule née du mélange du sang libyen et de l'élément nègre, et n'être au Soudan qu'un peuple immigré, un rameau détaché du vieux tronc septentrional, qui se serait implanté plus au sud à la suite des invasions successives dont le littoral nord a été le théâtre.

Ces Fellatas ont une civilisation relativement

avancée; ils se bâtissent des villes, cultivent la terre, élèvent du bétail, s'occupent d'industrie et de commerce, et montrent en toute occasion leur supériorité sur les noirs. Plusieurs de leurs tribus néanmoins, sorte d'avant-garde belliqueuse et volante du groupe principal et sédentaire, se sont rendues redoutables dans l'Afrique du centre par leur humeur conquérante et dévastatrice.

Au commencement de ce siècle, après avoir conquis l'Haoussa, à l'est du cours du Niger, et fait de Kano leur grand marché, ils se sont mis à battre les frontières du Bornou et ont même un moment été maîtres de Kouka. Aujourd'hui on rencontre de leurs stations depuis le Dhioliba jusqu'au Darfour et au Khordofan.

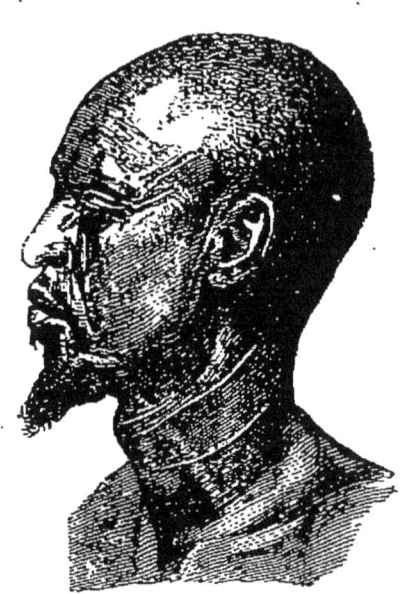

SOMALI.

Non loin d'eux, sur la rive droite du Sénégal, vit, partagée en trois grandes tribus, une peuplade sémitique plus ou moins altérée. Ce sont les Maures. Ceux qui sont restés de race pure ont le nez droit, légèrement busqué, les yeux vifs et noirs, la bouche petite, les lèvres fines, le galbe ovale, une barbe bien fournie, une chevelure variant du châtain au noir absolu et retombant en boucles. Leur teint, quoique plus brun que celui des Arabes algériens, est encore très clair, si ce n'est chez les individus qu'affecte un fort mélange de sang nègre. Très fiers, très sobres, très sales, ce sont, dans le pays, les plus durs maîtres que les noirs puissent avoir. Leur cruauté est proverbiale en Sénégambie. Nomades de mœurs, habitant sous la tente, comme leurs congénères du nord du Sahara, ils arrivent dans la saison sèche avec leurs troupeaux sur les bords du Sénégal, pour en repartir à la saison des pluies. Ils ont à peu près monopolisé en ces districts le commerce de la gomme.

La race conquérante des Sémites, qui a su convertir à l'Islam la majeure partie des populations du Soudan et du Nil supérieur, se rencontre du reste partout dans l'Afrique, en vertu d'une sorte d'ubiquité. Non seulement elle abonde sur la côte orientale, la plus proche de son pays d'origine ; mais au-dessous de l'Equateur, Zanzibar est, par le fait, la capitale d'un royaume arabe dont l'autorité est reconnue sur dix ou douze degrés de latitude. Bien que n'ayant pas la prépondérance numérique dans cette ville (elle appartient aux indigènes souahélis), ils ne laissent pas d'y occuper socialement le premier rang. Leur domination y date de la fin du XVIIe siècle (1698), époque où Sef, le Sultan d'Oman, parut avec une flotte puissante devant Zanzibar, et en chassa les Portugais. Depuis lors ils y représentent la classe distinguée du pays, et, dans les rues, comme signe de leur supériorité, ils portent un long glaive à poignée parfois enrichie de diamants.

Plus bas encore, à Sofala, à Quilimané, les négociants arabes sont nombreux. Ces voiliers à un seul mât (*dhows*), à la poupe proéminente, avec un éperon allongé en avant, qu'on voit dans le port de Mozambique, et par lesquels principalement se fait la traite noire sur ce littoral, sont presque tous frétés par eux.

AU PAYS DES NOIRS. 101

Les belles îles Comorres, entre Mozambique et la pointe nord de Madagascar, sont aux mains de sultans de leur race. Au Darfour, ils sont plus de 500,000, un

NUBIEN, ABYSSIN ET GALLA.

tiers à peu près de la population. Dans l'Ouadaï, ils pullulent également. Les explorateurs du plateau central ont retrouvé l'Arabe installé partout comme chez lui, sur le Nyassa, à Oudjidji, dans l'Ouganda, à l'ouest du Tanganika. A Kilemba, passé le lac Moéro, vers le 27ᵉ degré de longitude et le 8ᵉ parallèle sud, c'est-à-dire à mi-route à peu près de l'Atlantique et de la mer des Indes, les traitants portugais venus de l'ouest et les trafiquants arabes partis de l'est se sont rencontrés et se rencontrent chaque jour ; mais de tous temps les uns et les autres ont été d'accord pour faire le silence le plus absolu sur les régions qu'ils. exploitent en commun. S'il n'y avait eu que ces deux classes d'éclaireurs pour nous révéler le mystère intérieur du continent noir, il est probable que nous n'aurions jamais rien su de l'Afrique.

Les Arabes sont aussi au Bornou, quoique en moindre nombre qu'au Darfour et dans l'Ouadaï. Les uns, qui n'y viennent qu'en passant, à titre de guerriers ou de trafiquants, sont appelés dans le pays *Wassili*; les autres, ceux qui y sont domiciliés de longue main, portent le nom de *Schoas*. « Ces Schoas, dit un récent voyageur présentent un type physique qui varie selon le degré de mélange avec l'élément local. Là où ils forment des agglomérations un peu importantes et ont pour voisins des peuplades de même sang, ils ont conservé le teint clair et la physionomie de leurs ancêtres ; ailleurs ils sont devenus plus ou moins semblables aux indigènes. » Dans ce cas, la dégénérescence s'accuse d'abord par la couleur de la peau, puis secondement, par les traits du visage. L'idiome, chez eux, ne se laisse entamer qu'en dernier lieu, et difficilement.

On a remarqué de même que sur la côte méditerranéenne de l'Afrique il n'y a presque point d'Arabes qui se soient, au point de vue de l'idiome, *berbérisés* ; par contre, un assez grand nombre de Berbères, et le fait mérite attention, ont adopté le langage arabe. Ajoutons que, somme toute, l'élément sémitique au Bornou ne semble pas très bien prospérer. Sous ce climat humide et malsain par endroits, il subit un dépérissement graduel, à moins, paraît-il, qu'il ne renonce à son individualité, pour se sauver par le métissage, en se croisant avec l'indigène. Il est vrai que dans ces derniers temps, abstraction faite de toute dégénérescence naturelle, la population arabe du Bornou a été sensiblement éclaircie par une nouvelle invasion de Fellatas fanatiques, qui, partis des régions du Niger sous leur chef, le pèlerin Skeffedin, ont traversé tout le sud du pays ainsi que l'Etat voisin, le Baguirmi, en entraînant d'immenses multitudes après eux. Des villes entières ont été vidées d'un seul coup. Telle localité, par exemple, où Barth en 1853 avait trouvé des milliers d'âmes, n'en renfermait plus, lors du voyage du docteur Nachtigal (1871-72), que quelques centaines.

Quant à ces hordes d'Arabes nomades qui errent sans cesse en quête de razzias, des districts de la côte à ceux du Soudan, on ne saurait croire quelle force de relèvement et quelle élasticité merveilleuse elles opposent à tous les désastres. Il en est une actuellement qui, par ses chevauchées épiques, sème la terreur, des Syrtes au lac Tsad : c'est la tribu des Oulad Sliman. En tout, ses forces militaires ne se montent pas à mille hommes, ce qui ne l'empêche pas de régner sur d'immenses espaces. Ce rameau perdu de la grande famille sémitique habitait originairement le Fezzan et les parages de la Tripolitaine. Pendant l'hiver et au printemps, la peuplade menait ses troupeaux de chameaux sur les steppes voisins de la côte, campant çà et là dans les oueds qui aboutissent à la mer ; puis, l'été, elle gagnait les oasis fezzanaises, où elle possédait des bois de dattiers, pour y faire sa récolte annuelle.

Grâce à son indomptable énergie et à la supériorité de ses chefs, elle était parvenue à un haut degré de considération et de puissance. Toutes les tribus circonvoisines avaient reconnu l'une après l'autre sa suprématie. Vers 1830, Jusef Pacha, le dernier souverain Karamanli de la Tripolitaine, l'attira dans un guet-apens et fit massacrer la fleur de ses guerriers. La tribu décimée disparut alors pour une vingtaine d'années de la scène; toutefois son renom ne cessa pas de demeurer vivace, et elle-même, pour prendre sa revanche, n'attendait que d'avoir recouvré sa vigueur. Un jour en effet, on la voit de nouveau se ruer à l'offensive; elle s'empare de toute la région jusqu'à l'oued Beni Oulid, et, douze années durant, dispute aux Turcs la domination du Fezzan. Enfin son chef Abd-el-Dchlil, mortellement blessé au combat d'el-Baghla, réunit, avant d'expirer, les anciens de la tribu et leur conseille d'aller chercher une nouvelle patrie dans les beaux districts voisins des riches pâtis à chameaux qui se trouvent au nord-est du lac Tsad. Les Oulad Sliman suivent cet avis et émigrent au sud. Arrivés au Kanem, ils réduisent successivement toutes les peuplades cantonnées de ce côté entre le Tibesti, le Bornou et le chemin qui, de l'Ouadaï, conduit par le désert de Libye à Benghasi et à la Grande Syrte. Dès lors, redoutés à la ronde, ils voient, sur le bruit de leurs exploits, grossis fabuleusement à distance, tous les autres Arabes du désert nord-est venir coopérer, à titre d'auxiliaires et d'alliés, aux fructueux coups de main qu'ils exécutent. Bientôt, les régions environnantes se trouvant presque dépeuplées de chameaux, les

Oulad Sliman, enhardis par le succès, s'attaquent aux troupeaux des Touareg, et, en quelques années, enlèvent près de 50,000 têtes de bétail à l'oasis de

TOUAREG.

Kawar et aux environs. Mais les Touareg, des adversaires autrement puissants que les peuplades Kanemoises, rassemblent 7,000 guerriers montés, s'avancent au delà du lac Tsad, et, surprenant leurs ennemis non loin de Médéli, en font une effroyable boucherie ; vingt cavaliers furent, paraît-il, les seuls survivants de la journée.

Pour la seconde fois, en cinquante ans, les Oulad Sliman se trouvaient donc aux trois quarts anéantis ; aussi Barth, dont le voyage au Bornou eut lieu peu de temps après cette défaite, jugea-t-il, à la vue des restes mutilés de la peuplade, que son extinction définitive était proche. Or, le pronostic a été si loin de se réaliser qu'à quelques années de là l'indomptable horde avait derechef repris toutes ses forces et intervenait d'une manière active dans les querelles intestines de l'Ouadaï. Bref, au moment où le docteur Nachtigal arrivait à son tour au Bornou (1871), les Oulad Sliman étaient redevenus les maîtres incontestés de tout l'immense territoire qui avait été le théâtre de leurs exploits précédents ; aussi redoutés que jamais, ils poussaient leurs déprédations jusqu'au nord du Darfour. Partout où paissaient des chameaux, partout où verdissait un pacage, l'Oulad Sliman passait et pillait. C'était le grand écumeur du désert central et oriental, et, à moins de l'avoir lui-même pour escorte, pas un voyageur ne pouvait se risquer à travers les espaces sur lesquels il régnait.

Notons que l'Arabe, non seulement en Afrique, mais aussi en Asie, paraît, en somme, fort entamé au point de vue de la race. Le grand péril pour les enfants de Sem vient des filles de Cham. Dans certaines tribus purement nomades de l'Yémen, on n'épouse jamais de négresses ; en revanche, surtout dans l'Oman et au sud du Nedj, il y a des populations sédentaires qui, à la longue, sont devenues presque noires. Un apport incessant d'esclaves soudaniennes et un fort courant d'immigration ont été les causes principales de cette altération profonde du type. A Tunis, à

Alger, à Tripoli, on peut observer le même phénomène, et voilà pourquoi Horace Vernet nous a peint ses Arabes de la côte avec des visages écrasés de Nigritiens plutôt qu'avec un galbe sémitique.

IV

C'est à partir du douzième degré de latitude nord environ que commence l'échelonnement des peuplades à la peau tout à fait foncée et aux cheveux crépus. Les premiers pilotes portugais qui, au xve siècle, cinglèrent au delà du cap Vert vers cette ligne équinoxiale redoutée, où l'atmosphère brûlait, disait-on, comme du feu, et où l'homme ne pouvait pas vivre, s'aperçurent que les indigènes, jusque-là gris cendrés, devenaient absolument noirs. Tels sont en effet, en prenant notre point de départ de cette côte de la Sénégambie, les nègres Ouolofs, luisants comme l'ébène, mais n'offrant toutefois qu'à un faible degré cette proéminence allongée des mâchoires que de deux mots grecs (πρo, en avant, et γνάθος, mâchoire) on appelle *prognathisme* (1). La plupart sont musulmans; quelques-uns, des esclaves ou des fils d'esclaves, ont

(1) Le prognathisme, disons-le en passant, n'est pas absolument propre aux races inférieures. Un membre du congrès d'anthropologie de Berlin, en 1880, a démontré qu'on le rencontre aussi chez les peuples civilisés. D'après Welker, l'angle moyen nasal pour les crânes orthognathes est de 54° à 66°5. A cette dernière limite commence le prognathisme. Or, il paraît qu'on a trouvé en Europe des mâchoires plus avancées que chez les nègres de l'Afrique et de l'Australie ; seulement, cette conformation au lieu de représenter un type général, n'est, chez nous, qu'une particularité.

embrassé le christianisme. Quoique apathiques de nature, ces Ouolofs, dressés par nos officiers, font, dit-on, leurs habitudes d'ivrognerie à part, d'assez bons soldats. Plusieurs sont même des négociants riches, intelligents et instruits.

Dans la même région se trouvent les Bambaras, les Soninkès, les Mandingues, ceux-ci à la peau couleur chocolat, au nez aplati et à larges ailes, prognathes au suprême degré; les nègres du Dahomey, les Aschantis, un peu moins foncés de teint, et avec des cheveux assez longs; puis, près d'eux, sur la Côte des Esclaves, les Minas, race assez élégante, à la figure presque régulière. Sur tout le littoral, il y a en outre une quantité de métis, la plupart descendant de Portugais ou de Brésiliens.

GUERRIER DU DAHOMEY.

Bien que la couleur de leur peau devienne de plus en plus foncée, on a conservé l'habitude de les considérer comme des blancs. Ce sont des négociants généralement aisés, s'habillant à l'européenne, souvent même avec une sorte de recherche.

La race nigritienne au menton fuyant, à la face horriblement écrasée, s'étend par delà le Congo jusqu'à Benguéla, où ses caractères physiques commencent à se modifier et à incliner du côté du type cafre, dont il sera question tout à l'heure. Une seule peuplade se détache sur ce fond noir : ce sont les Fan, guerriers de l'Ogooué (côte du Gabon). Comme les Gallas et les Fellatas, ils ont le teint relativement clair, les cheveux longs et soyeux, le profil européen, les lèvres assez minces et le nez régulier.

Si, de là, nous remontons au Soudan, pour le traverser d'ouest en est, à partir de la grande courbe du Niger, nous rencontrons les Haoussas, nigritiens aux larges narines et aux fortes balèvres ; les indigènes également noirs du Baguirmi et de l'Ouadaï ; puis, un peu au-dessus d'eux, les Kanouris du Bornou, dans lesquels on retrouve une de ces races bâtardes et hétérogènes dont l'élément primordial,

NÈGRE OUOLOF.

venu du nord, a disparu sous toutes sortes de mélanges et une longue infusion de sang nègre. Le teint, ici, est d'ordinaire noir, gris ou rougeâtre ; les formes corporelles, épaissies par suite de l'humidité du climat, sont disgracieuses et vulgaires. Plus à l'est enfin, dans le Darfour, à un élément arabe très nombreux et à un contingent de Fellatas s'associent diverses peuplades nègres, telles que les For, qui ont donné leur nom au pays, les Masalits, les Toukrouris.

C'est dans la région équatoriale du centre que se

coudoient les races les plus curieuses et les plus complexes. Voici d'abord, à partir du Bahar el-Ghazal, le Dinka nègre, au teint rouge cuivre, à la peau tatouée, au crâne allongé en arrière, aux longues jambes décharnées sur un buste écourté. Ce peuple de fermiers habite, avec ses troupeaux de bœufs et de vaches, de petits hameaux disséminés dans un pays de marécages, ne se nourrit que de farineux et de laitage, et va foncièrement nu, sauf les femmes, qui s'affublent d'un double tablier de peau non tannée.

Un peu plus bas, vers le 6ᵉ degré de latitude nord, voici les Bongos, dont le teint de bronze nuancé de rouge semble un reflet du sol ferrugineux qu'ils exploitent; ils sont à la fois agriculteurs, éleveurs de volailles et de chèvres, mineurs, forgerons et sculpteurs en bois. Chez eux le tablier de cuir est l'atour ordinaire du sexe mâle; quant aux femmes, elles se contentent de porter des colliers, des anneaux au bras, aux jambes, aux narines, des chevilles aux joues et aux lèvres, et des verroteries sur toute la poitrine.

Au sud-ouest des Bongos vivent les Niam-Niams, dont le nom signifie « grands mangeurs ». Leur gloutonnerie est, par le fait, quelque chose d'inimaginable. Ne possédant aucune espèce de bétail, ils ont besoin quand même de se repaître de chair. Qu'ils s'élancent à la chasse ou au combat, leur cri est : *Pouchyo! pouchyo!* (Viande ! viande !). Beaucoup d'entre eux sont anthropophages ; ceux-là déterrent même les morts et tuent les vieillards ainsi que les infirmes pour se régaler de leur substance. L'éléphant est le gibier de prédilection de ce peuple, qui le traque au moyen du feu et en fait d'épouvantables boucheries. Tête ronde, œil oblique, nez peu saillant, bouche proéminente au possible, voilà le signalement du Niam-Niam. N'oublions pas sa chevelure, étonnamment longue, (chez l'homme du moins, car la femme va tête rase), et qui est l'objet de soins indicibles : on la tord, on la graisse, on la natte, on l'empanache avec un art merveilleux. C'est un voyageur italien, M. Piaggia, qui a découvert en 1863 cette peuplade étrange ; il paraît même qu'un chef du pays, un certain Tombo, lui a donné sa propre fille en mariage.

Moins foncés de peau, et aussi plus civilisés, quoique également anthropophages, sont les Mombouttous, au teint couleur de café en poudre, à la barbe épaisse, aux cheveux longs, arrangés en un chignon compliqué. Quelques individus parmi eux sont blonds, mais ce n'est qu'une décoloration due à un phénomène d'albinisme. Par la forme du crâne ainsi que par la courbe du nez, ces Africains diffèrent des nègres et se rapprochent plutôt du type sémitique. Il est vrai qu'un nez régulier et l'abondance de pilosités ne sont pas choses aussi rares qu'on le croit chez les races nigritiennes.

Ce peuple mombouttou est excessivement industrieux ; il travaille le fer et le cuivre ; il se façonne des poteries décorées avec art, et de l'écorce et des pétioles du palmier fait toutes sortes d'ouvrages ingénieux. Son fertile pays produit sans culture la patate, la banane, la canne à sucre, le sésame, le tabac, l'arachide ou pistache de terre. Ses bois verdoyants nourrissent toute espèce de gibier sauvage, éléphants, sangliers, buffles, outardes, pintades, et ses cours d'eau des poissons sans nombre : ce qui n'empêche pas le Mombouttou d'ajouter à ce menu varié un appoint succulent de chair humaine. Ce sont les nègres *mouvous* ses voisins, profondément méprisés par lui, qui ont le privilège d'alimenter, de ce chef, sa cuisine. Les jeunes garçons se voient réservés pour la table du roi, sorte de Louis XIV africain, ayant toute une pompe de cour avec un cérémonial compliqué, des ministres, des danseurs, des bouffons, un orchestre de chambre, et un harem composé de cent têtes.

HAOUSSA.

Plus au sud encore, près des affluents de l'Ouellé, le grand tributaire de droite du Congo, vit la peuplade naine des Akkas. Ces homoncules aux allures simiesques, et dont l'existence est des plus misérables, rappellent les pygmées d'Hérodote et d'Homère. Leur taille n'excède jamais 1 m. 50; ils ont la tête grosse et allongée, les épaules larges, les genoux cagneux, les jambes arquées, le ventre et le siège très proéminents, les oreilles énormes, et presque point de lèvres. La couleur de leur peau est tantôt noir brun, tantôt noir olive, ou se poussant au jaune ou au rouge. Ils sont tributaires des rois mombouttous, qui en ont toujours quelques-uns à leur cour à titre de bouffons et de familiers. C'est probablement une race aborigène qui s'éteint.

V

Passons maintenant à l'Afrique australe. Là domine un autre spécimen de race noire qui, intellectuellement et physiquement, est très supérieur au type nigritien : c'est le Cafre, en arabe *Kafir*, c'est-à-dire infidèle. Son territoire ne commence à l'ouest qu'au fleuve Kounéné, mais remonte à l'est le long de la côte, par delà l'embouchure du Zambèse, jusqu'au 5° degré de latitude méridionale. Les Souahélis musulmans de Zanzibar (1) appartiennent, en effet, je l'ai déjà dit, à cette grande famille *bantou* (ou cafre) dont, plus au sud, les Betjouanas, les Bassoutos, les Amakosas, et surtout les Zoulous sont les représentants les plus remarquables. Les dialectes de ces peuples sont tous parents les uns des autres, et ont des sonorités mélodieuses, une abondance euphonique de voyelles, qui rappellent

ASCHANTI.

les idiomes du sud de l'Europe. Ce domaine linguistique paraît ne finir qu'à l'Oungoro, au nord du Victoria Nyanza, car ce fut là seulement que les interprètes engagés par Speke à Zanzibar cessèrent de comprendre le parler des indigènes. J'ai dit que, sur la côte ouest, les nègres du Congo se rapprochent aussi, à cet égard, des Bantous.

Ce n'est pas uniquement par le langage que le Cafre se distingue du Nigritien, c'est encore par l'aspect physique et le teint. Il a le crâne allongé, le front

---

(1) *Souahélis*, gens du littoral; ce sont les Arabes qui ont donné ce nom aux indigènes de cette côte orientale.

bombé, le nez saillant, parfois même recourbé, la mâchoire inférieure et les pommettes bien moins proéminentes que son frère de l'Afrique centrale. Quant à la couleur de sa peau, elle est, non pas noire, mais d'un jaune brun, excepté, bien entendu, chez les individus dont un fort mélange de sang nègre a modifié le type originel.

D'où vient ce groupe ethnique des Bantous ? Une tradition commune à presque toutes ces peuplades veut que leurs ancêtres soient venus, à une époque reculée, d'une région du nord si lointaine, disent-ils, que « lorsqu'ils y regardaient l'ouest, ils avaient sur l'épaule gauche autant de soleil qu'ils en ont maintenant, eux les fils, sur la droite » : une façon tout à fait pittoresque de donner à entendre que leurs aïeux habitaient autrefois de l'autre côté de l'Equateur. Il est de fait que le type sémitique pur est très fréquent chez certaines tribus, par exemple celle des Bassoutos, qui pratiquent en outre la circoncision. Un détail noté par un voyageur semble également venir à l'appui de la tradition ci-dessus mentionnée. Ce voyageur, un ex-mineur de Kimberley (champs de diamant du Griqualand), allait, il y a quelques années, de l'Etat libre d'Orange aux monts du Dragon, lorsqu'il rencontra sur son chemin une bande de jeunes filles bassoutos qui le régalèrent d'une pantomime caractéristique. « Les fillettes, raconte-t-il, commençaient par se poser l'index sur la poitrine ; puis, avec ce même doigt, elles envoyaient en tous sens des baisers dans l'air, comme s'adressant à des êtres invisibles, et, à chaque baiser, le geste et l'expression de physionomie changeaient : tantôt c'était un sourire doux et caressant, tantôt, au contraire, c'étaient des regards d'effarouchement et d'effroi. Bref, l'ensemble et les particularités de ce jeu mimique rappelaient les scènes du même genre qu'on voit figurées sur les monuments de l'époque pharaonique, et peut-être en effet ces démonstrations n'étaient-elles chez ce peuple qu'un héritage de la vieille Egypte. »

La race cafre, en pleine décadence aujourd'hui, semble avoir eu ses jours de grandeur et de puissance, témoin ce fameux empire du Monomotapa qui couvrait jadis toute la partie sud-orientale du pays, là où sont actuellement les tribus matabélés et zoulous. Cimbebasie ou Zymbabye, l'une des capitales de ce vaste royaume, s'élevait au milieu des champs d'or voisins de la côte de Sofala, et d'anciens auteurs portugais, Barros entre autres, en parlent comme d'une merveille. Le voyageur Mauch, qui a exploré la région encore à peu près vierge située entre le Transvaal et le Zambèse, a découvert à cette latitude (1871) d'immenses ruines disséminées sur un espace de deux lieues carrées. Il y a là des murailles de près de dix mètres de haut sur plus de cinq d'épaisseur, bâties en blocs de granit équarris, agencés sans mortier, et ornées d'inscriptions indéchiffrables. Les débris d'une seule tour mesurent, paraît-il, 140 mètres de diamètre. D'autres voyageurs, notamment le docteur tchèque Emile Holub, qui a parcouru tout récemment le bassin du Zambèse et la région de ses Lacs Salés, comparables aux *chotts* du Sahara, a vu, aux environs des mines de Tati, dans un des districts des Matabélés, d'autres reliefs de constructions de pierre tout-à-fait curieuses. L'ornementation architecturale de ces ruines ne décèle ni le style arabe, ni le style portugais; quelques archéologues ont voulu y voir des édifices d'origine phénicienne : peut-être, sans remonter si loin, sont-ce tout bonnement des restes de l'ancienne civilisation cafre.

Les Betjouanas, divisés en un grand nombre de petites tribus éparses entre le Griqualand occidental et le Zambèse, constituent l'élément le plus doux, le plus paisible et le plus aisément civilisable de la race

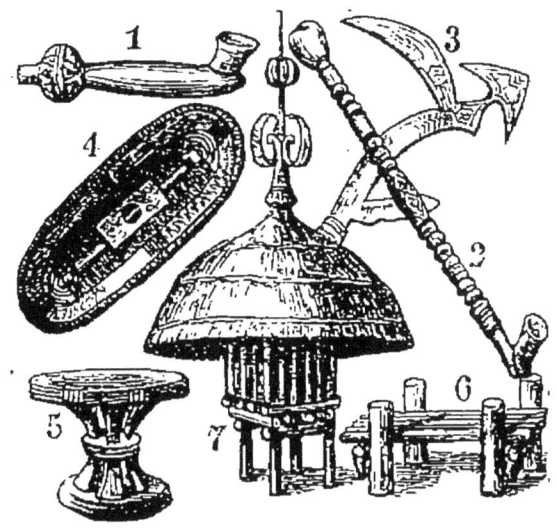

PRODUITS DE L'INDUSTRIE DES NIAM-NIAMS.

1. Pipe de terre. — 2. Pipe de luxe, avec tuyau en bois et tête en terre. — 3. Arme en fer. — 4. Face interne d'un bouclier en rotang, d'un mètre de long. — 5. Escabeau et table à manger, d'un seul bloc de bois. — 6. Bois de lit en épaisses solives entre-croisées. — 7. Grenier à blé avec toit mobile.

bantou. Un de leurs groupes les plus remarquables, les Barolongs, forment au milieu même de la république d'Orange une principauté nègre autonome, aux mœurs toutes patriarcales, rattachée seulement à l'État boer par un lien de protectorat. M. de Weber, qui en a visité le chef-lieu, Thaba Nchou, en fait la peinture la plus engageante. Cette ville, ou plutôt cette agglomération de villages, occupe un site charmant, au revers et au pied de collines qu'entourent des pelouses couleur vert-émeraude. Chaque hutte, en forme de ruche avec un toit de chaume surplombant qu'une rangée de minces colonnettes transforme en une véranda extérieure, s'élève au milieu d'un enclos propret. C'est dans la cour, quand le temps le permet, — et le beau temps, en ce pays, c'est la règle, — que se

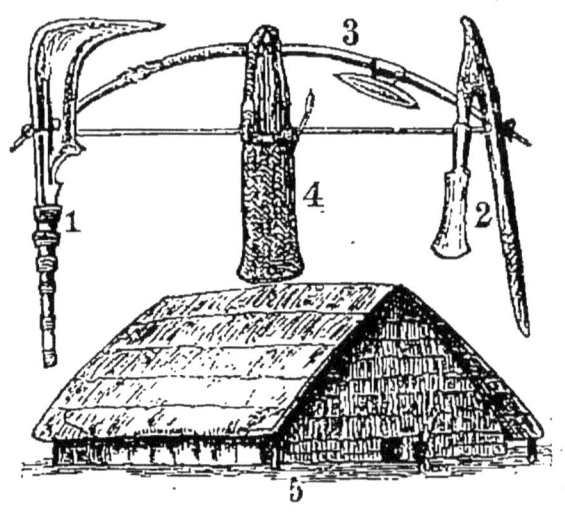

PRODUITS DE L'INDUSTRIE DES MOMBOUTTOUS.

1. Arme en fer en forme de faux, à double tranchant, avec manche en bois entouré de fil de fer. — 2. Houe en fer avec manche en bois. — 3. Arc en rotang avec appareil protecteur contre le recul des flèches. — 4. Carquois en rotangs tressés, garni de flèches. — 5. Palais en troncs d'arbres, bois de rafias, roseaux et feuilles de bananier.

font tous les travaux domestiques, cuisine, lessive, pilage du grain.

Une mission protestante wesleyenne a entrepris de catéchiser les indigènes de l'endroit, œuvre pie qui n'a abouti qu'à recouvrir d'une nouvelle saupoudrure de surnaturel l'amas épais de superstitions auxquelles ces pauvres âmes sont en proie. La chapelle toutefois ne manque pas de fidèles, car, pour le sexe féminin surtout, c'est grand plaisir que de chanter des cantiques, et, subsidiairement, d'exhiber ses atours. Le roi Maroka, — c'est le nom du prince qui régnait lors du voyage de M. de Weber, — n'apportait d'ailleurs aucune entrave au travail de christianisation ; seulement, il n'avait point voulu se convertir pour son compte, « à cause de l'obligation où il eût été de congédier son harem ».

M. de Weber nous raconte comme il suit son entrevue avec le monarque :

« Le palais se composait d'un vaste enclos où se dressaient des huttes établies sur le type des autres cases nègres, mais beaucoup plus grandes. Au centre se trouvait une espèce de salon de réception, pouvant contenir deux cents personnes et servant pour les occasions solennelles. Le roi Maroka, un vieillard d'une physionomie sympathique, portant tout ce que la nature accorde, en fait de barbe, à un Betjouana, me reçut en plein conseil. Les conseillers, gens d'âge respectable, étaient habillés à l'européenne, tandis que le prince était accoutré à la mode fashionnable du pays, c'est-à-dire de peaux de bêtes, le poil en dedans. Ce n'était qu'exceptionnellement, lorsqu'il allait en visite à Bloemfontein (Etat libre d'Orange), qu'il endossait un paletot et arborait le chapeau tuyau de poêle.

« Deux sièges à dossier furent avancés au dehors devant le salon de réception, et, le missionnaire et moi, nous fûmes invités à nous y asseoir. Ensuite s'engagea entre le roi et moi, le missionnaire servant d'interprète, une conversation de circonstance où toutes les nuances de notre étiquette étaient observées. Après m'avoir parlé très courtoisement de mon pays,

Maroka me présenta à la reine, qui était une personne aux traits agréables et assez replète. Elle était, comme lui, vêtue de peaux. Ses sujets ne l'appelaient communément que la « mère du peuple » et il paraît qu'elle méritait ce titre (1). Je m'informai de la santé des rejetons royaux, qui étaient, s'il vous plaît, au nombre de soixante-cinq et de toute taille, s'échelonnant ainsi que des tuyaux d'orgue. Sur le désir que j'exprimai d'en voir quelques-uns, on m'amena plusieurs fillettes, qui me firent une belle révérence à la façon européenne. Leur costume était mi-européen et mi-cafre. Une d'elles, âgée d'environ neuf ans, — c'était la princesse Marguerite, par abréviation *Magui,* — était une petite créature réellement ravissante, galbe fin, plein d'intelligence et de distinction, et une paire d'yeux ! De ma vie, je n'ai revu pareils yeux..., deux immenses escarboucles luisant sur un fond blanc comme neige. Avec cela, une chevelure luxuriante qui lui donnait plutôt l'air d'une Espagnole que d'une négresse. Bref, je fus si charmé de cette enfant, qu'une idée étrange me passa par l'esprit, et, à brûle-pourpoint, je proposai au roi de me laisser emmener Magui en Europe, où je lui ferais donner paternellement l'éducation la plus brillante et la plus complète. Comme garantie du consciencieux accomplissement de ma promesse, je m'en référais au grand ami de Maroka, le président de l'Etat libre d'Orange, dont j'étais parfaitement connu.

« Pour toute réponse, le vieux prince appela près de lui la fillette, et, la prenant sur ses genoux, il se

---

(1) Cette dénomination est en usage chez beaucoup de tribus cafres, notamment chez les Marutsés du Zambèse, restés en possession de leur pleine indépendance.

mit à l'embrasser de tout son cœur, en me faisant répondre qu'il me céderait n'importe lequel de ses enfants, excepté celui-ci qui était comme la prunelle de ses yeux et la joie particulière de son cœur. Magui approuvait visiblement cette réponse, car elle se serrait d'un air câlin contre la' poitrine du bonhomme, tout en me décochant de petits regards narquois. »

La langue du peuple betjouana est très riche en proverbes, et, à la veillée, dans les huttes, il se narre toutes sortes de fables et d'histoires transmises par la voie orale de génération en génération. Certains de ces apologues ont une parenté frappante avec ceux dont le fond nous est venu de l'Orient ; peut-être en somme toutes ces imaginations ont-elles dans le passé une même origine, car les Cafres, avant d'émigrer au dessous de l'Equateur, ont pu avoir des points de contact avec les marchands de l'ancienne Egypte, de la Grèce et de la Phénicie. En voici un échantillon curieux, encore inédit en français ; c'est la lutte de la tortue et du chevreuil :

« Une tortue se disputait avec un chevreuil. Celui-ci dit d'un ton méprisant : « Pauvre vermisseau, com« ment oses-tu seulement te comparer à moi ?
« — Oui-da ! fit l'autre, que dirais-tu donc si je te dé« fiais à la course ? — Oh ! par exemple, j'ai envie de « voir cela, repartit le chevreuil. Allons ! y es-tu ?
« — Bon, Bon ! reprit la tortue, aujourd'hui je n'ai pas « le temps, mais ce sera pour demain. »

« La chose ainsi convenue, l'animal porte-têt s'en alla trouver ses camarades, et les pria de vouloir bien, le jour suivant, s'échelonner de distance en distance le long du champ de course. Au matin, le chevreuil

DANSE DES ZOULOUS.

arriva et dit à la tortue : « Eh bien, y sommes-nous ? — En route, répondit l'amphibie ! »

« Le chevreuil partit comme un trait, laissant la tortue bien loin derrière lui. Quand il eut fourni un trajet assez long, il s'arrêta, et se mit à crier : « Ah ça ! « où est donc cette pauvrette qui prétendait lutter de « vitesse avec moi ? — Me voici ! » répliqua une tortue, en quittant l'endroit où elle s'était postée. Le chevreuil alors de reprendre sa course, tout surpris, n'y pouvant rien comprendre. Au bout d'une seconde étape, il s'arrêta de nouveau et s'écria : « Concurrente ma mie, « où es-tu ? — Me voici ! » fait incontinent une autre bête à carapace.

« Pour le coup, le chevreuil se sent perdre la tête. Il repart encore à fond de train, et galope cette fois d'une façon si furieuse qu'à la fin il tombe mort.

« D'où il appert que ce ne sont pas toujours les plus solidement charpentés qui gagnent à la course. »

VI

Si le Betjouana personnifie l'élément doux et apprivoisable de la race bantou, en revanche ses frères de l'est, les Matabélés, les Zoulous, les Amazouasis, les Amakosas, en représentent l'élément sauvage et réfractaire à la civilisation. Cette différence d'humeur semble se retrouver jusque dans les formules de salut. Un Betjouana qui rencontre un étranger lui dit : *Toumella* (soyons amis). Un Zoulou au contraire dit fièrement : *Sakoubona* (nous t'avons vu).

Les Zoulous, des hommes superbes et de six pieds de haut, rehaussent encore leurs allures martiales et farouches en donnant à leur luxuriante chevelure les hérissements les plus insensés. Généralement elle se dresse toute raide sur leur chef, tantôt en forme de casque, tantôt en une triple houppe, ou bien en une colossale perruque telle qu'en coiffent nos lucifers d'opéra-comique ou de féerie. Chez les gens mariés, la crinière, plus courte d'ordinaire, est emmêlée en un tortil faisant le tour de la tête et agglutiné au moyen de roseaux, de cire et de caoutchouc. Quand le Zoulou part en guerre, il fiche en outre dans les fourrés de sa toison une quantité de plumes de vautour et d'aigle qui se rebiffent de toutes parts comme les ardillons d'un porc-épic; puis il achève son équipement de campagne en se ceignant les reins de queues de sanglier et en revêtant des colliers de dents de léopard et de lion.

Les *Kraals* ou villages zoulous se composent, on le sait, de cases de branchages entrelacés et assujettis au moyen de lianes, le tout aisément transportable d'un lieu à l'autre, attendu que l'habitacle forme une carcasse d'un seul joint, d'où il n'y a que la garniture d'herbe à ôter. En deux ou trois jours, une bourgade entière se déplace sans effort. Le gros œuvre de la construction (creusement de la rigole circulaire, tressage des rameaux) est l'affaire des hommes ; le reste regarde les femmes : ce sont elles qui véhiculent sur leur tête les énormes faisceaux de gramen destinés aux entre-lacs de la case ; ce sont elles encore qui travaillent aux champs, qui manient la pioche et la houe, rentrent le foin, le grain, vont chercher la provision de bois, font la cuisine et soignent les enfants. Le mari, lui, ne fait guère que se croiser les bras, bavarder d'une hutte à l'autre, chasser, fumer et priser, car le tabac, sous toutes ses formes, est la passion dominante du Cafre. Celui des Zoulous, fait d'une sorte de chanvre sauvage, a les vertus stupéfiantes de l'opium.

L'épopée guerrière de ce rameau de la famille bantou date du commencement de ce siècle, c'est-à-dire du règne de Chaka. Avec ses régiments de Spartiates nègres endurcis à tout, et formant une armée régulière de 60,000 hommes, cet Attila de l'Afrique australe se rue d'abord sur la belle colonie de Natal (1816), alors occupée par de paisibles tribus pastorales, et en chasse ou en extermine tous les habitants. Il attaque ensuite l'une après l'autre toutes les peuplades de ses congénères, et ne tarde pas à dominer depuis le Cap jusqu'au fleuve Limpopo. Quiconque refusait de se soumettre était massacré. Il en résulta, dans toutes ces régions, un vaste mouvement d'émigrations et de déplacements de peuples, dont le remous violent dure encore.

A ce Néron africain il faudrait un Tacite. Il n'est point de férocités qu'il n'imaginât, à seule fin d'entretenir l'humeur guerrière et farouche des siens. Dans chaque fête ou circonstance solennelle il faisait ruisseler le sang. En une seule matinée parfois, il égorgeait des centaines de ses propres sujets ou de ses captifs. Quand sa mère mourut, ordre fut donné à mille de ses gens de se tuer eux-mêmes, et les victimes, en expirant, chantaient encore les louanges du tyran quasi déifié ; c'était comme le *morituri te salutant, Cæsar*, de l'ancienne Rome. Le même jour, Chaka fit immoler par dessus le marché un millier de vaches qui venaient de vêler, uniquement pour que leurs veaux périssent de faim, et qu'ils sussent, eux aussi, ce que c'est que de perdre une mère. Les bourreaux devaient, sous sa haute surveillance, inventer sans cesse de nouvelles tortures, pour pro-

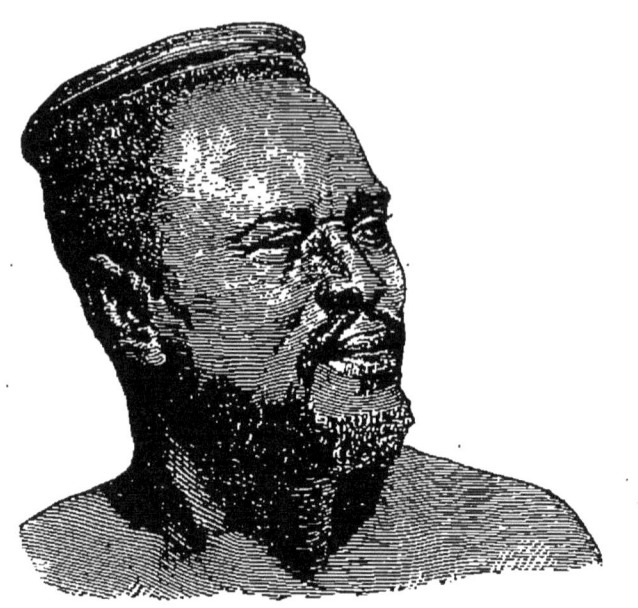

CETTIWAYO.

longer l'agonie des victimes et le plaisir que le maître prenait à se repaître de leurs convulsions.

La peur qu'il avait d'être tué par son héritier présomptif fut cause qu'il ne se maria jamais, et qu'il faisait immédiatement mettre à mort toutes les jeunes filles enceintes de ses œuvres. Etant venu un jour à savoir qu'une de ces malheureuses s'était échappée et que son enfant était sain et sauf, il fit rechercher le nouveau-né et le tua de sa propre main.

On le voit, en fait de princes fantaisistes, la race nègre n'a rien à envier a la blanche, et, à cet égard comme à bien d'autres, la parité entre l'une et l'autre se trouve mieux établie qu'on ne le croit.

Dingaan, le successeur de Chaka, ne demeura pas en reste de tueries et de dévastations ; néanmoins, devant l'arrivée des Boers (1838), qui fondèrent la république de Natal, et plus tard devant les Anglais, qui s'adjugèrent les dépouilles des Boers, les Zoulous furent forcés de se retirer au-delà de la rivière Touguela, dans les districts du vieux Zoulouland. Panda, qui régna après Dingaan, fut un monarque assez débonnaire ; mais, lui mort, son fils, le fameux Cettiwayo, se hâta de revenir aux visées conquérantes de ses devanciers. On sait quelle lutte difficile, un moment marquée par le plus lamentable désastre qu'ait jamais essuyé une armée britannique au-delà des mers, le gouvernement de la reine Victoria a eue à soutenir (1880) contre ce prince nègre et ses redoutables légions (1). Aujourd'hui, les régiments zoulous sont dissous, la nation tout entière est désarmée, le pays soumis à la suzeraineté britannique, et quant aux tribus cafres si cruellement décimées naguère par cette série de chefs belliqueux, elles se sont placées à peu près d'elles-mêmes sous le protectorat de l'Angleterre, qui les a vigoureusement défendues (2).

VII

A côté de la race bantou vit, dans l'Afrique australe, la grande famille des Hottentots ou Koins-Koins.

(1) A Cettiwayo, mort au printemps de 1884, a succédé, comme souverain nominal du pays, son fils aîné Dinizoulou, âgé de vingt-cinq ans environ.
(2) Toutefois, plus au nord, entre le Limpopo et le Zambèse, une autre fraction du groupe cafre-zoulou, la peuplade des Matabélés continue de former une principauté puissante, agressive et redoutée.

Primitivement établie dans les plaines fertiles arrosées par la rivière Orange, elle s'est vue refoulée par l'invasion cafre tout à fait à l'ouest, entre le Kounéné et le Cap. Ce groupe ethnique offre un type à part. Chez lui, ce n'est pas non plus la teinte noire qui domine, c'est le jaune sale, analogue à la couleur d'une semelle de botte neuve. La coupe du visage est caractérisée par un trapézoïde droit, se raccourcissant vers le menton, c'est-à-dire que la tête est en forme de poire, avec des cheveux en filasse, un nez camard, aux narines énormes, joint à une bouche démesurée. L'ensemble de la physionomie est hideux au possible. Les femmes particulièrement sont affligées d'une difformité qui, aux yeux de leurs congénères du sexe mâle, peut constituer un attrait tout spécial, mais qui semble fait pour troubler les notions d'esthétique d'un civilisé : c'est un développement outré de l'arrière-train, lequel leur pend au-dessous de l'échine à la façon d'un sac rempli de graisse, et dont, tout en besognant, elles usent comme d'un siège moelleux pour s'asseoir et reprendre haleine. En voyant cet appendice charnu, dit un voyageur, on songe malgré soi à ces moutons du Cap qui peuplent les fermes du pays, et dont la queue est d'une grosseur si volumineuse qu'il la faut lier avec des courroies pour l'empêcher de balayer le sol.

Intellectuellement, les Hottentots ne sont pas trop mal doués; mais, au point de vue de la force physique, ils sont inférieurs aux Bantous. Une de leurs tribus métisses, les Griquas proprement dits, est devenue sujette de la Grande Bretagne par l'annexion des Champs de diamants à la colonie du Cap (1871). Une autre, les Corannas, a conservé jusqu'à ces derniers temps une certaine indépendance entre les fleuves Orange et Vaal ; une troisième, les Namaquas, continue de vivre à peu près libre à l'ouest des steppes du Kalahari, dans la région côtière qui, du nom de la peuplade, s'appelle le Namaqualand.

Au sud des Hottentots se rencontre un second peuple de pygmées africains, plus petits encore que les Akkas, ces nains de la région équatoriale ci-dessus mentionnés : ce sont les Boschimans ou Bouschmans (littéralement hommes des bois). Taille, 1 mètre 40 centimètres au plus, teint pâle, pommettes très saillantes, mâchoires projetées en avant : voilà, en raccourci, leur aspect. Les débris de ce peuple, qui va dépérissant à vue d'œil, sont cantonnés dans quelques districts montueux de la colonie du Cap, et ont échappé jusqu'à ce jour à toute influence civilisatrice. Pour habitacles, ces sauvages n'ont que des cavernes d'où ils épient le gibier dans la plaine. Leurs flèches meurtrières, qu'ils manient avec une extrême habileté, pourvoient seules à leur nourriture. Dans ces derniers temps, leur butin de chasse ayant notablement diminué par suite des tueries auxquelles se livrent de leur côté les Européens immigrés, ils se sont mis à ravir les moutons des blancs, et il en est résulté contre eux une sorte de guerre d'extermination. Les vrais Boschimans, car la race compte de nombreux métis, aiment passionnément leurs montagnes, et, leur razzia faite, regagnent aussitôt leur repaire de roches sourcilleuses. Quelques-uns d'entre eux, cédant à la nécessité, se sont tout récemment loués à gages chez les colons ; mais ce sont toujours des serviteurs méchants et peu sûrs, qui saisissent la première occasion de s'enfuir avec le bétail qu'ils ont pu voler.

KRAAL ZOULOU.

Si défectueux qu'il soit anatomiquement, et quelque place inférieure qu'il occupe sur l'échelle sociale, le Boschiman ne laisse pas de révéler certaines aptitudes artistiques. Nul indigène de l'Afrique australe ne s'entend, comme lui, à travailler la pierre. Il a décoré les parois de ses rochers de peintures à l'ocre figurant soit divers animaux, tortues, iguanes et serpents, soit des combats de bêtes, soit des astres du firmament, soit même des scènes de guerre entre lui et l'envahisseur bantou.

Les ethnographes considèrent les Boschimans comme la plus ancienne population de l'Afrique sud; ils croient que jadis leur territoire a dû s'étendre beaucoup plus au nord, jusqu'au Zambèse et au delà, et que leur langue est l'idiome indigène de toute cette partie du continent noir. Ce serait sous le flot des immigrations successives que cette race autochtone aurait fui les régions de l'Equateur pour se réfugier de plus en plus au sud, et peut-être en ce cas l'autre nation de pygmées (Akkas), dont nous avons signalé l'existence entre le lac Mwoutan et le Congo, serait-elle tout bonnement une seconde épave de cette ancienne peuplade primitive (1).

Du rapide aperçu qu'on vient de lire, il résulte que la race noire africaine ne va pas jusqu'à la Méditerranée. A l'est, elle dépasse à peine la vallée du

---

(1) La question n'est pas encore résolue. Quelques-uns regardent les Boschimans comme des Hottentots dégénérés ; d'autres, par contre, ne voient dans le Hottentot qu'un métis de Boschiman croisé à l'infini ; ils pensent qu'il n'existe pas de race hottentote proprement dite, qu'il y a simplement de nombreuses variétés de Hottentots, s'éloignant plus ou moins du type commun.

Nil ; au centre, elle occupe tout le Beled-el-Soudan, remonte à l'ouest le long du Niger jusqu'à Timbouctou, et s'arrête à la rive gauche du Sénégal. Partout ailleurs, de son contact avec la race blanche est né un tiers élément aux degrés de mélange très variables. Les Nigritiens comme les Cafres se répartissent d'ailleurs en des groupes fort nombreux, mal étudiés jusqu'ici au point de vue anthropologique, et offrant des déviations infinies de tribu à tribu. Les idiomes parlés par ces peuplades africaines sont également très complexes. Il en est qui nous sont parfaitement connus, par exemple la langue des Ouolofs celle des Peuls, celles des Haoussas et des Mandingues; il en est, au contraire, dont nous ne pouvons que saisir les rapports visibles de parenté avec tel autre dialecte voisin.

Même au simple point de vue de la couleur, nègres ou négroïdes sont loin de présenter un type homogène. Rien de plus difficile en réalité que la détermination des nuances. Il y a là des transitions si finement graduées qu'il est presque impossible de les faire saisir nettement à un blanc. Combien de tons ne répondent nullement à ces vagues qualifications : teinte chocolat, teinte café au lait, couleur cuivre ou bronze, dont les voyageurs se servent volontiers dans leurs descriptions (1). Aussi les Arabes qui habitent ou qui parcourent le Soudan ont-ils imaginé, pour désigner la série complexe des dégradations, une sorte de gamme chromatique qui, à la longue, a fini par être assez généralement adoptée en Afrique.

(1) Il va sans dire aussi que les différentes parties du corps varient de coloration chez un même individu, selon qu'elles subissent plus ou moins l'action directe du soleil et de l'air.

Abjad (le blanc), couleur des Européens et de certains habitants des villes du littoral nord (1);

Ahmar (le rouge), nuance dominante chez les Arabes et les Berbères;

Asfar (le jaune), teinte correspondante au bronze clair de quelques tribus arabes et berbères;

Asmar (le brun), couleur cuivre foncé, propre à nombre d'habitants du désert et d'Arabes soudaniens de sang mêlé;

BOSCHIMAN (homme).

Akdar (le vert), bronze très foncé, nuance qui domine chez beaucoup de peuplades sahariennes, ainsi que chez quantité de nègres, et que présentent également les Arabes du Soudan qui ne sont pas de race pure;

Asrek (le gris); c'est la teinte la plus commune chez les Nigritiens;

Assouad (le noir): couleur des nègres absolus.

On a fait remarquer, à propos de ce classement, que la valeur des susdites expressions ne laisse pas de varier selon les pays. Le mot *akdar* par exemple désigne en arabe, non seulement le vert, mais encore le bleu; c'est l'épithète qui, à Tunis, sert à caractériser l'aile

---

(1) Cette distinction entre les citadins et les non citadins semble s'être faite de tout temps sur la côte méditerranéenne de l'Afrique. Déjà, dans l'antiquité, les gens des cités tant romaines qu'indigènes étaient distingués des habitants de la montagne (Atlas) et du « pays des palmiers », c'est-à-dire des oasis.

du corbeau lorsqu'elle n'est pas foncièrement noire. De même, l'adjectif *asrek* signifie proprement « qui a les yeux bleus »; les Tunisiens l'appliquent au ciel sans nuages, et on l'emploie dans beaucoup d'autres régions pour qualifier toutes les nuances qui vont du gris au noir. Au Soudan, où l'arabe parlé a subi forcément mainte altération et se ressent des défectuosités des idiomes locaux, la netteté des mots est bien moindre encore. C'est ainsi que la plupart des peuplades non seulement du centre, mais du Sahara oriental, n'ont qu'une seule et même expression pour désigner le bleu de la végétation et celui du ciel, bien qu'elles les distinguent parfaitement l'un de l'autre; c'est ainsi encore qu'en présence de deux nuances de jaune, celle du coing et celle du safran, elles hésitent sou-

BOSCHIMAN (femme).

vent sur le choix de l'adjectif, ne sachant s'il convient de dire *akdar* ou *ahmar* (vert ou rouge). Je ne parle pas, bien entendu, de ces tribus équatoriales, tout à fait bas placées intellectuellement, dont le langage, presque dénué de mots abstraits, à peine capable de marquer les temps principaux du verbe, n'est parfois qu'une suite d'onomatopées imitatives des bruits extérieurs, un seul terme s'appliquant d'ordinaire à tout un monde complexe d'objets (1).

(1) C'est ainsi que, chez les Bongos, le mot qui désigne le

Néanmoins, malgré les incertitudes qui semblent naître de ces confusions, il est rare qu'un indigène se montre embarrassé touchant la catégorie de couleurs dans laquelle se range un individu, et l'Européen lui-même finit, à l'user, par trouver très pratiques les distinctions qu'on vient d'indiquer. On reconnaît en effet, au bout de quelque temps, disent les voyageurs familiarisés avec cette gamme chromatique des Arabes, que, par exemple, les nuances intermédiaires entre l'*ahmar* (rouge) et l'*asrek* (gris), appartiennent à deux séries différentes de couleurs, dont l'une présente au fond une teinte plus rougeâtre et l'autre une teinte plus jaunâtre ; que l'*asfar* et l'*asmar* peuvent avoir, le cas échéant, le même degré d'intensité ; mais que l'un se pousse au jaune, tandis que l'autre incline vers le rouge ; que l'*asmar* et l'*akdar* peuvent offrir la même coloration sombre, mais que l'*akdar*, comme ton, n'en rentre pas moins dans la série jaune ; et que, somme toute, la couleur *asrek* (gris) constitue proprement la nuance terminale de la série rougeâtre. Disons, pour finir, qu'il est telle peuplade où le rouge et le noir manquent complètement ; chez certaines tribus, c'est le gris qui domine ; chez d'autres, c'est le vert ou le jaune avec toutes leurs dégradations de teintes. Souvent aussi la transition d'une couleur à l'autre est à peine perceptible à l'œil, et ce n'est qu'un long séjour au Soudan qui peut apprendre à l'Européen à discerner tant bien que mal un Haoussa d'un Bornouan ou d'un Baguirmien.

sorgho (*moudj*), plante qui fait le fond de l'alimentation locale s'applique également à toute espèce de nourriture.

CHAPITRE V

DES DIVERS MODES DE LOCOMOTION DANS L'AFRIQUE DU NORD ET DU CENTRE. — L'ÉPOPÉE DU CHAMEAU. — CARAVANES AU DÉSERT. — A TRAVERS LE STEPPE ET LA RÉGION DES PLUIES ESTIVALES. — LES NÈGRES PORTEURS. — FAÇONS DE VOYAGER DANS LA ZONE AUSTRALE.

L'Afrique, prise d'ensemble, peut se décomposer en quatre groupes régionaux divers, dont on retrouve les types caractéristiques épars sur le continent tout entier. Il y a d'abord la double zone du désert et du steppe; il y a ensuite l'aire des montagnes; puis, en troisième lieu, les forêts, avec leurs intervalles de clairières herbues, qui donnent un caractère d'homogénéité si frappant à la faune et à la flore tropicales, au-dessous comme au-dessus de l'Equateur; il y a enfin le multiple sillon que dessinent les grandes dépressions fluviales, et où ont surgi tout naturellement les noyaux les plus denses de population.

A ces différents groupes régionaux correspondent des moyens spéciaux de locomotion, dont le classement, on le conçoit de reste, ne présente rien d'essentiellement rigoureux, mais qui, chacun pris en soi, s'adaptent néanmoins d'une façon étroite à telle ou telle partie de territoire.

De quelque point du littoral nord qu'on pénètre dans l'intérieur de l'Afrique, il faut traverser une zone saharienne où le chameau est l'auxiliaire de rigueur. Sans cet animal, dont la domestication remonte à une époque inconnue, ces espaces dénudés et arides demeureraient à peu près infranchissables. Frappé en quelque sorte à l'effigie du désert, le chameau paraît être avant tout une bête de plaine.

Ses districts principaux d'élevage sont des vallées semées d'acacias, où croissent différentes espèces d'herbes fourragères du genre chardon, qui sont sa pâture de prédilection. Il est néanmoins capable de marcher sur les pentes escarpées; mais il montre alors une certaine maladresse, une gaucherie d'allure qui s'accusent particulièrement aux endroits où le sol caillouteux et mouvant n'offre pas d'appui sûr à ses pieds. La descente surtout lui est pénible, à cause de son train de derrière très élevé; aussi voit-on souvent la grande bête, les jambes écartées, se laisser glisser d'un air résigné sur ses larges semelles.

Cet expédient, dont il use aussi au passage des lits de ruisseau encaissés de berges meubles, ne laisse pas parfois d'entraîner de gros périls pour les bagages du voyageur; il y a cependant dans les grêles jarrets de l'étrange animal une telle force nerveuse, et ses plantes molles, aptes à se modeler sur tous les accidents de terrain, ont une telle vertu de plasticité, qu'il peut, si l'épreuve ne se prolonge pas trop, cheminer sur les rampes à pic et sans voie frayée, même en portant les plus lourdes charges.

CAMP DE BOSCHIMANS.

Ici d'ailleurs il convient de distinguer entre les espèces ; où le chameau arabe du littoral nord et celui du Fezzan, quoique déjà plus robuste, ne rendent guère de services efficaces, le chameau teda (1), par exemple, se comporte à merveille. Les deux premiers, plus trapus et couverts d'une toison plus épaisse, sont par excellence des bêtes de somme, qui résistent fort bien en plaine ; le second, plus haut sur jambes, plus svelte de corps, avec un poil lisse et un port de tête très allègre, est plutôt fait pour la vélocité de locomotion et distance aisément les autres sur un sol accidenté et rocheux. Il franchit journellement les plus hauts seuils des monts tibestiens, et notamment le col du Tarso, dont l'altitude est de 2,000 mètres.

De même, si certaines variétés, très sensibles aux changements de température, ne peuvent passer impunément d'une zone à une autre, il en est en revanche quelques-unes qui résistent aux transitions de climat. Tels sont, par exemple, les chameaux *mahamids*, de l'espèce dite « salée », qu'on élève dans ces pâtis du Kanem où les Daza mènent chaque année leurs bêtes faire une cure. Ces animaux, originaires des vallées de l'Ennedi, ont une réputation toute spéciale, et sont, partant, un objet de razzias non seulement pour les tribus d'alentour, mais encore pour les Touareg du sud, qui ne reculent pas devant une course de mille kilomètres, afin de capturer ces montures d'élite, supérieures encore à leurs fameux coursiers *meharis*, et pouvant supporter tous les déplacements.

On peut dire, en thèse générale, que partout où l'on parle arabe, on trouve le chameau ; une seule peu-

---

(1) Voyez ci-dessus, page 92 et la note.

plade africaine appartenant à ce groupe linguistique fait de ce chef exception : ce sont les Baggaras, cantonnés au sud du Kordofan et du Darfor. Ajoutons que l'on peut voyager à l'aide de ce ruminant dans tous les parages septentrionaux de l'Afrique jusqu'au 12° degré de latitude. Sur la côte de l'océan Indien, ce mode de locomotion s'étend même au delà de l'Équateur. Par contre, en Abyssinie ainsi que dans le pays des Gallas, le chameau est absolument inconnu, et Schweinfurth nous parle des cris de surprise, mêlée d'effroi, que poussa une troupe d'esclaves lorsque, sur une sente étroite, au pied des montagnes, elle se rencontra soudainement nez à nez avec les bêtes fantastiques de sa caravane.

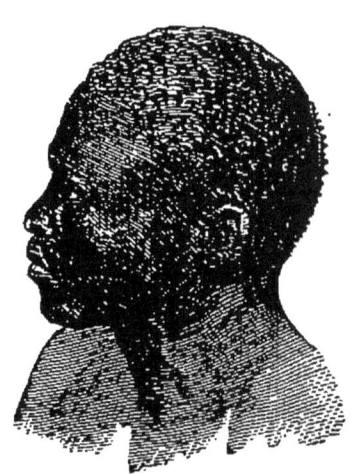

JEUNE AKKA.

Pour les longs trajets, le poids maximum imposé au chameau du littoral, qui est celui dont l'Européen commence par faire d'ordinaire l'épreuve, ne doit guère dépasser cent cinquante ou deux cents kilos; dans la vallée du Nil, cette charge peut être doublée et parfois triplée, mais seulement pour un temps assez court. Les capacités de l'animal, à ce point de vue, dépendent du reste, en partie, de l'arrimage même des paquets.

Le long boyau rembourré de paille et en forme de double andouillette qui constitue la selle chamelière, a besoin de s'adapter exactement à la gibbosité du porteur; il faut que les coutures en soient bien solides, si l'on veut éviter les pertes de temps et les ennuis que causent en chemin les menus travaux de raccommodage et de rajustement ; il faut aussi que les crampons de bois triangulaires qui surmontent l'attirail et sur lesquels reposent les ligaments, soient assujettis avec beaucoup d'art, afin que, le tassement de la bourre une fois achevé, ni l'agrafe ni les cordes ne blessent en aucune façon le sommier. Le tout est dans l'équilibre de l'ensemble, dans l'aisance avec laquelle s'opère la flexion de chaque côté de la bosse. Rien ne gêne plus un chameau en marche et ne le met de plus méchante humeur qu'un faix qui retombe alternativement à droite et à gauche, qui lui touche les jambes de devant ou de derrière.

Savoir charger ses bêtes est donc une des garanties essentielles d'une heureuse étape. Cette condition a surtout de l'importance quand il s'agit de la mise en mouvement de tout un *ferik* nomade, y compris les femmes, les enfants, la masse des ustensiles ménagers, les munitions de guerre et de bouche. On consume d'ordinaire à cette besogne toute la nuit qui précède le départ. Pour l'Européen qui voyage en Afrique, ces apprêts, un peu moins complexes, ne vont point cependant sans difficultés. Si modeste que soit son train, on ne saurait croire la quantité d'objets divers et encombrants qu'il se voit dans l'obligation d'emporter. Armes, vivres, engins de cuisine, habits, médicaments (du quinine surtout), outres à eau, tentes de campement avec leurs piquets, instruments d'observation scientifique, tout cela constitue un faix énorme dont il ne faut pas songer à rabattre, et qui exige, au minimum, l'emploi d'une demi-douzaine de bêtes.

Joignez à cela le stock de cadeaux qu'un explorateur avisé n'oublie pas, et aussi la monnaie circulante. Cette dernière partie du bagage a même une importance toute spéciale. Au Fezzan, par exemple, ainsi qu'au Bornou, les monnaies d'usage sont la piastre turque (*ghirsch*), et le thaler autrichien de cinq francs (*abou teïr*) à l'effigie de Marie-Thérèse. Forcé est donc d'en faire, au départ, provision suffisante. Mais, où cette question de numéraire se complique, c'est dans les régions du continent noir et celles-là sont en nombre immense) où les espèces sonnantes n'ont pas cours, et cèdent la place aux échanges en nature.

Là, il faut une cargaison d'autre sorte, car, avec la bourse la mieux garnie, on risquerait de mourir de faim. A tel endroit la monnaie d'usage est de la verroterie; en tel autre, elle consiste en pièces de toile, en bandes de mousseline ou de calicot (1); ailleurs encore, on paie soit en fers de lance, soit en *cauris* (2), ou bien en dattes, en oignons, en œufs, en volailles, en farine de manioc. C'est ainsi que, dans le Logon, au sud du Bornou, le docteur Nachtigal dut, avant de continuer sa marche vers le Baguirmi, envoyer ses gens acheter au marché du chef-lieu tout un approvisionnement de cotonnades de trois doigts de largeur sur deux mètres de longueur : pour cinq francs, il avait quarante-deux bandes. Plus bas, dans d'autres districts peuplés de nègres païens, il se vit obligé de se munir de javelots; encore n'en put-il avoir la quantité qui lui était nécessaire.

(1) On sait dans quel embarras se trouva l'expédition belge de 1878, sur la côte orientale, lorsque trois cent vingt de ses porteurs désertèrent, emportant les ballots d'étoffe destinés à servir de monnaie à l'intérieur.

(2) Petites coquilles blanches (*cyprea moneta*). Il en faut plusieurs centaines pour représenter la valeur de cinq francs.

Au Bihé, nous dit le major Serpa Pinto, un poulet ou six œufs valent un mètre (*pano*) de cotonnade; un chevreau de deux ans coûte sept ou huit mètres; pour un porc de soixante-quinze à quatre-vingt-dix kilogrammes, on donne une pièce d'étoffe blanche et une d'étoffe bleue appelée *zouarté*; pour quatorze litres de farine de maïs, deux mètres de cotonnade. Le calicot est, de beaucoup, la meilleure monnaie qu'un voyageur puisse emporter dans ces régions de l'Afrique australe. En fait de verroterie, la seule estimée ici est une petite perle rouge avec un œil blanc, que les commerçants de Benguêla désignent sous le nom de *Maria Segounda*. Les fils de laiton et de cuivre, bons pour faire des bracelets, sont également recherchés, à la condition que, comme épaisseur, ils n'excèdent pas trois millimètres.

Ailleurs enfin, la monnaie qui a cours pour les gros achats est toute différente; la frappe n'en est pas une morne effigie, mais bien une figure palpitante et vivante. « Combien ce cheval? » disent les gens. — « Trois captifs. » — « Combien ce bœuf? » — « Un demi-captif (1). » Mais c'est là un sujet que nous traiterons en son lieu.

Comme, dans beaucoup de contrées de l'Afrique, les insectes abondent, il importe en outre, au départ, d'emballer soigneusement la partie de son avoir qu'on veut préserver de toute avarie. Le mieux, quand on le peut, est de ne se servir que de caisses de fer-blanc, — ainsi font les Anglais aux régions tropicales, — ou de recouvrir chaque colis soit d'une enveloppe caoutchoutée, soit d'une peau de bœuf ou de chameau.

---

(1) C'est-à-dire un enfant ou un vieillard.

Encore cette précaution ne dispense-t-elle pas le voyageur qui veut coucher en plein air de regarder avec soin, à la place choisie, s'il n'y a point de termites, et, lors même qu'il n'en trouve point trace, de disposer autant que possible autour du campement de petits tas de bois ou certains branchages, tels que l'*ochar* et le *reten*, dont les névroptères en question ont horreur; sinon, il court souvent risque de voir en une nuit ses sacs et ballots percés à jour par la gent rongeuse.

Le chameau s'accommodant mal d'un changement d'habitudes et de régime, l'usage est de louer une cavalerie de charge pour tel parcours déterminé, au delà duquel on en prend une autre, de la région même. Quant à acheter des chameaux, c'est d'ordinaire pour l'étranger, même en lui supposant de l'expérience, et, toute question de ressources à part, une affaire singulièrement délicate, attendu que chez ces ruminants les défauts sont bien moins apparents que chez le cheval.

Un des principaux avantages du chameau, c'est sa sobriété bien connue. Il peut, des mois durant, supporter un rationnement des plus chiches, et, là où manquent les plantes fourragères qui lui sont habituelles, se sustenter à l'aide de grain, de légumes, ou même de dattes. Grande aussi est sa vertu de résistance à la soif, bien qu'il ne faille pas se l'exagérer; chez lui, comme en toute créature, cette capacité physique est subordonnée au degré d'intensité de la chaleur; l'hiver, sur la côte nord de l'Afrique, il peut rester sept jours sans boire.

Gerhard Rohlfs dit que, pendant une marche de deux semaines, pour gagner l'oasis de Siouah, ses chameaux ne burent qu'une seule fois, et encore une demi-ration d'eau. Néanmoins, la limite extrême d'abstinence paraît être, sauf exceptions, de quatre jours au plus dans l'été. Par compensation, le chameau s'accommode du liquide même le plus saumâtre.

L'onde vraiment fraîche, soit dit en passant, est rare dans les stations sahariennes; la température de bien des aiguades est à quinze et vingt degrés centigrades, et, à part les flaques d'eau pluviale qui se conservent dans certains réservoirs de roc naturels, il arrive volontiers que les fontaines s'ensablent et s'obstruent, et que chaque caravane est forcée de les recreuser à nouveau. C'est pourquoi les premières questions que s'adressent, après les saluts d'usage, les nomades qui se rencontrent, sont pour se demander où sont les fontaines les plus proches, et dans quel état elles se trouvent. Près de celles dont l'eau est particulièrement savoureuse et fraîche, on a coutume de faire une halte assez longue; on reconnaît tout de suite ces derniers campements aux inscriptions et aux emblèmes de tribus que portent les parois de rocher d'alentour, et aussi à l'amas d'excréments de chameaux emmagasiné là dans l'arène, et qui est d'autant plus précieux que c'est le seul et unique

CHAMEAU CHARGÉ.

combustible dont se servent pour cuire leur repas les voyageurs de passage en ces lieux.

Ajoutons que les purs fils du désert, tels que Touareg et Toubou, savent au besoin maîtriser leur soif presque aussi longtemps que le font leurs montures, à la condition de ne cheminer que la nuit, soigneusement voilés, le nez et la bouche enfouis dans le *litham*, pour prévenir le dessèchement des muqueuses, et de demeurer, le jour, à l'ombre d'un rocher, sans faire aucun mouvements superflu, sans manger, sans parler même, afin de ne pas attiser d'autant le feu qui les dévore.

Un autre avantage du chameau, c'est la régularité de son allure. Une fois chargé

CHAMEAU MONTÉ.

et mis en mouvement, il file en quelque sorte mécaniquement, sans imprimer de secousses à la longe, et d'une façon presque continue, pour peu que les choses se comportent à son gré, jusqu'au terme même de l'étape, qui est d'ordinaire de neuf ou dix heures. Le chameau de selle allant à vide peut faire jusqu'à douze lieues en un jour; quant à la bête de somme, sa vitesse moyenne est de quatre kilomètres à l'heure, ou de trois seulement dans les districts où elle trouve à brouter le long du chemin. On peut obtenir plus de célérité, en attachant la tête de chaque animal à la queue de celui qui le précède, afin qu'aucun ne muse avec les gramens de rencontre.

L'inconvénient de voyager avec des chameaux, c'est le mal inouï qu'il se faut donner pour charger et décharger chaque jour les sommiers. Les caisses, ballots et sacs doivent être, je l'ai dit, soigneusement ficelés et arrangés sur le dos du porteur en deux moitiés se faisant contrepoids; dix livres de cordes sont nécessaires pour assurer l'agencement de chaque fardeau. Si, en route, on a besoin de quelques objets, on voit d'ici la somme de tracas.

Une autre source d'ennuis graves, c'est l'humeur extrêmement ombrageuse du coursier à bosse; la vue d'un cheval ou d'un chien lui cause toujours des effarouchements; ce sont là deux sortes de compagnons avec lesquels il lui faut chaque fois reprendre habitude.

Souvent aussi, il suffit d'un corps étranger sur la route, d'un cadavre gisant, pour mettre en désordre toute une caravane: chaque bête alors de détaler brusquement de son côté, au grand dam des bagages secoués plus que de raison, et Dieu sait au prix de quelles peines on réussit à reformer la file. La halte de la colonne a-t-elle lieu dans un de ces pacages opulents, tels qu'il s'en trouve dans beaucoup de régions, par exemple aux alentours de Mourzouk et dans les steppes du bassin du Tsad, comme l'usage est de laisser toute la cavalerie paître là en pleine liberté, il s'ensuit parfois d'étranges embarras.

Les chameaux, en effet, quand ils sont sur la lisière du désert, ont assez de flair pour sentir la pluie tombée à plusieurs lieues de distance, et, dans ce cas, ils profitent de la nuit pour quitter le pâturage et brousser dans cette direction. Grosse affaire, lors de la remise en marche, que de rattraper ceux qui ont déserté. Des voyageurs disent avoir vu, en cette occurrence, des Arabes suivre, des jours entiers, une piste à peine perceptible et réussir presque constamment à retrouver les mâles fugitifs; seules, les femelles, quand elles ont pris le large, déjouent généralement les recherches, parce que, filant devant elles d'une seule traite, elles dévorent tout de suite des espaces énormes.

On ne saurait du reste s'imaginer jusqu'où vont, dans cet ordre de faits, la sagacité et le coup d'œil des nomades. Ils en remontreraient à Zadig. Ces gens connaissent tellement à fond tous les individus de leur troupeau que, sur une simple empreinte de pieds, ils savent les distinguer l'un de l'autre; on assure en outre qu'il leur suffit d'un vestige laissé sur le sol par une bête de passage, pour dire si celle-ci cheminait à vide ou chargée, si sa charge était lourde ou légère, et même pour déduire certaines particularités physiques de la bête.

II

Suivons maintenant une colonne voyageuse sur quelque grand chemin à aiguades, par exemple celui qui relie les Syrtes au Soudan, et que parcourt le chameau-poste à relais réguliers expédié chaque semaine de Tripoli à Mourzouk.

Comme les meilleures routes du désert sont, non pas les plus directes, mais celles qui présentent le plus de ressources tant en eau qu'en végétation fourragère, le gros du transit entre Tripoli et Mourzouk a pris l'habitude d'infléchir à l'est, en laissant de côté le chemin de Gharian, bien qu'il abrège le trajet d'une semaine, pour filer par Bou N'djeim et Sokna vers le groupe des oasis fezzanaises. Ni la route qui mène par Ghat à Kano, ni aucune des voies qui, du Maroc et de Ghadamès, aboutissent au coude supérieur du Niger, n'offre à beaucoup près de pareils avantages de sécurité ; on peut dire qu'en temps ordinaire un voyageur même isolé peut fournir, sans crainte de mésaventure, toutes les étapes de ce chemin postal. On a ouvert, il est vrai, au début de ce siècle, de l'Ouadaï au littoral de la Méditerranée, un autre chemin, à peine plus long que celui qui passe par le versant ouest des monts tibestiens ; de l'oasis de Djalo, il conduit à la fois à Benghasi et au Caire ; mais il est loin, au point de vue des stations et des facilités de ravitaillement, de valoir la voie de Kaouar et de Mourzouk.

Le Grand Désert proprement dit, qui confisque un espace de quinze degrés de latitude environ, ne commence qu'à quelques journées de Tripoli, c'est-à-dire au-delà du relief des montagnes côtières. La transition ne se fait pas brusquement. Au sortir de la bande sablonneuse, large de seize kilomètres à peu près, qui confine immédiatement au rivage, on entre d'abord sur de hautes plaines assez riches en humus qu'entrecoupent de spacieux oueds et où essaiment cultures et pâtis ; puis, à mesure qu'on s'éloigne des districts lavés par les pluies, la nature du terrain se modifie ; on se trouve sur un fond rocheux, tour à tour glabre et semé de cailloux, où dépressions et intumescences, tout prend déjà un aspect essentiellement monotone. Vient ensuite la région des *serirs* et des *hamed* (1), plateaux couverts de silex roulés, avec de chauves

---

(1) Au singulier *hamada*, c'est-à-dire *lieu où la chaleur est accablante*. La *sérir* est moins élevée que l'*hamada*.

monticules d'érosion, qui constituent le niveau le plus élevé du désert, et où la désolation saharienne atteint son maximum de puissance.

A TRAVERS LE DÉSERT.

Sur ces espaces absolument nus, en regard desquels le sable en Afrique ne tient que peu de place (c'est même, on le sait, la roche désagrégée de l'*hamada* qui, le vent aidant, engendre les dunes), commencent d'ordinaire pour une caravane les sérieuses incommodités du trajet. Là, d'une vague de terrain à l'autre, l'Européen ne voit pas de différence; mais l'Arabe, lui, a un sens remarquable pour discerner les moindres particularités de ce monde uniforme.

Parfois, de loin en loin, on rencontre des tas de cailloux, sortes de *cairns* jalonnant les points dominants du parcours, et que chaque caravane se fait un devoir d'entretenir, en y ajoutant au passage quelques pierres. Il est au désert tel de ces plateaux, par exemple le fameux Tassili du sud, où les indigènes eux-mêmes ne s'aventurent pas volontiers. Les chameaux qui s'y égarent, disent les Touareg, périssent ou redeviennent sauvages, car personne n'entreprend de les y rattraper.

Plus bas enfin, à ces intumescences désolées succèdent des projections de reliefs qui n'ont plus le caractère d'*hamed*, mais qui sont de véritables montagnes enfermant des aires de sable argileux, des *hattijas* parfaitement arrosées, où miroitent au loin les îlots de verdure tantôt isolés, tantôt groupés en archipels, qu'on nomme *oasis*.

Une oasis est une plantation de palmiers-dattiers (*phœnix dactylifera*), ou du moins d'arbres où domine cette essence. Quelle joie, pour le voyageur, quand exténué de sa longue marche à travers les solitudes pierreuses calcinées du soleil, il aperçoit enfin, à l'horizon, la tache vert-sombre de la *rhâba*! Avec quel ravissement son regard se fixe sur ce point coloré d'où rayonnent le reconfort et la vie! Le massif bocager s'élargit de plus en plus, développant sa ligne de hauts fûts élancés sur lesquels se balancent d'épaisses couronnes de feuillage. Bientôt chaque détail de la séduisante frondaison s'accuse au regard avide du pèlerin, qui oublie aussitôt sa fatigue et retrouve la force d'accélérer le pas.

On ne saurait croire combien de services le dattier, ce roi du désert, rend aux indigènes de l'Afrique septentrionale. Toutes les parties de l'arbre s'utilisent ; son fruit, dans certains districts, est mis au même rang que le blé. On peut le manger vert ou desséché ; c'est un aliment excessivement sain, et qui n'a d'effet pernicieux que sur les dents, dont il détermine rapidement la carie. De la datte sèche, qui se conserve d'une année à l'autre, on extrait un miel estimé ; du fruit trituré, on fait un pain qui se garde longtemps. La tête de l'arbre écorcée constitue elle-même une matière comestible qui a un petit goût de noisette. Sa sève en outre fournit un breuvage doux ou capiteux, au choix de l'amateur ; on l'obtient en mettant le tronc en perce et en y insérant un tuyau d'écoulement, comme on fait dans les forêts du Brésil pour saigner l'arbre à caoutchouc (*siphonia elastica*). A l'état frais, le *lakbi* ou *lakmi*, — c'est le nom de ce nectar, — présente à peu près la saveur du moût de raisin ; mais le principe sucré cède très vite, et dès le second jour, si l'on active la fermentation à l'aide de récipients déjà affétés par l'usage, on a une boisson très riche en alcool, avec laquelle, soit dit en passant, s'enivrent à souhait, dans tout le Sahara, les sectateurs bronzés du Prophète.

Ce n'est pas tout : le tronc du dattier est par excellence le bois d'œuvre (*chescheba*) ; on en tire les solives des maisons, les charpentes de coffrage des puits, les ais des portes et des fenêtres. Des branches on fabrique des lattes pour les terrasses ; des haies de clôture, des bâtons de voyage ; les folioles servent à faire des corbeilles, des sandales, des éventails, des chapeaux; les filaments enfin se transforment en cordes.

Une oasis de dattiers est toujours le produit de la culture; il faut à ces arbres des soins spéciaux et une irrigation régulière. Les pieds dans l'eau, la tête au soleil : telle est la devise du palmier saharien. S'il pouvait croître spontanément, l'Afrique serait tout autre qu'elle n'est, car, ainsi qu'on l'a fait remarquer, rien que les noyaux de dattes que les caravanes laissent tomber en chemin, auraient suffi à couvrir de verdure le désert tout entier.

Malheureusement, laissée à elle-même, la précieuse essence dégénère rapidement. Rien de plus triste que l'aspect d'un bouquet de palmiers dits *khralis*, c'est-à-dire qu'on a cessé de cultiver. Les feuilles desséchées pendent le long des troncs comme autant de loques grisâtres; les pousses qu'on ne s'occupe plus de transplanter avortent ou buissonnent misérablement; la fructification reste à l'abandon : dans cette oasis, en train de retourner à l'état sauvage, on devine qu'il n'y a plus âme vivante.

Ce n'est pas que ces plantations de palmiers, auxquelles s'entremêlent d'ordinaire des figuiers, des grenadiers, des abricotiers, et sous le couvert desquelles l'herbe pousse plus ou moins abondante, constituent d'une manière absolue l'unique flore des contrées sahariennes. Dans le désert, région non seulement bosselée, mais encore diversifiée au possible, les parties absolument nues ne sont que l'exception. Même sur la *serir* et sur l'*hamada*, malgré leur stérilité justement proverbiale, là où un peu de sable s'est accumulé sous le souffle des vents, quelques germes modestes de végétation, des broussailles torses, de chétifs gramens, réussissent parfois à se développer. De plus, partout où affleure une nappe d'eau souterraine, et spécialement dans ces vals collecteurs que, selon les contrées, on nomme *ouéds*, *wadis* ou *enneris*, on voit surgir diverses espèces d'arbres, tamarix, oliviers, acacias sajal, pistachiers, et un certain nombre d'herbes fourragères, *hâd*, *akoul* et autres, particulièrement aimées du chameau.

En général, dès que l'on rencontre des nappes de sable un peu étendues, ce sont des précurseurs des dunes, formations jaunâtres et entièrement nues, aux contours variables, mais toujours nets, que strient et sculptent les vents. Tantôt ces dunes sont fixes, disposées par chaînons et groupements; tantôt ce sont des traînées mobiles, dessinant un véritable labyrinthe de hauteurs et de vallées, comme on en trouve entre Mourzouk et Gatroun et aussi dans les dépressions de l'Eguei, au nord-est du Tsad.

DATTIERS.

Nulle part cependant on ne rencontre rien qui se

rapproche de ces fameuses montagnes mouvantes sous lesquelles, dit la tradition, l'armée de Cambyse resta engloutie. J'ai dit que les sables provenaient uniquement de la désagrégation et de l'émiettement des roches sahariennes. Or, sous le souffle des vents, les molécules arénacées peuvent parfois changer de place, remonter ou descendre la pente du talus, s'enlever même en de fumeux tourbillons ; mais jamais le phénomène ne prend les immenses proportions que lui prête la légende.

La rapidité avec laquelle les dunes se meuvent est plus ou moins grande, suivant qu'elles cheminent sur une plaine complètement unie ou sur un terrain inégal qui entrave leur marche ; elle varie également selon que leur noyau primitif, la cause déterminante de leur formation, a été un arbre, un buisson ou un autre obstacle de moindre importance. En général, ces vagues terrestres ne se déplacent pas de plus de quatre ou cinq mètres par an, avançant ou reculant d'ailleurs en vertu de l'alternance des courants aériens qui se partagent l'année climatérique. En France même, sur la rive du Gardon, au-dessous du pon romain, se dresse une intumescence de ce genre, dont l'érection est due au souffle de mistral qui sort d'une gorge voisine (1).

III

C'est dans la partie sablonneuse du désert, parmi

(1) A propos du phénomène de transport des molécules de sable par les courants atmosphériques, on a relevé le fait curieux que voici : des molécules arénacées étant tombées à bord d'un navire qui naviguait le long de la côte occidentale de l'Afrique, un savant étudia la composition de ce sable, et reconnut qu'il provenait du lac Tsad, situé à 3,000 kilomètres de là.

ces croulières houleuses et décevantes, aux horizons toujours semblables, et où le nomade lui-même, en dépit de l'acuité de sa prunelle, dévie assez fréquemment de sa route, qu'on apprécie surtout l'utilité du chameau ; c'est là aussi que cet animal, tantôt plongeant comme au fond d'un gouffre, tantôt émergeant sur une vague de sable, justifie le mieux son surnom pittoresque de « vaisseau du désert ».

L'homme du nord s'imagine volontiers que le ciel saharien présente un azur éternellement clair ; la vérité est qu'il n'en est rien, dans le jour du moins. La violence du vent y soulève d'épais tourbillons de poussière, aggravés de toute une mitraille de gravier, qui obligent souvent les voyageurs à s'arrêter court, sous peine de perdre leur direction ; il en résulte dans l'atmosphère une sorte de buée solide et opaque, à travers laquelle on ne discerne qu'imparfaitement les objets, et où l'on nage comme dans un bain de sable.

En revanche, les nuits sont presque toujours superbes ; le vent tombe ordinairement à l'approche du soir, et, à mesure que le soleil décline, la diffusion de lumière diminuant, la voûte céleste reprend sa teinte bleu foncé, et tous les détails du paysage apparaissent nettement aux regards. Le calme absolu de l'air, joint à la sensation de fraîcheur que produit un rayonnement très intense, donnent un tel charme à ces heures nocturnes, que la caravane même la plus vaillante à porter le faix des ardeurs solaires saisit avec un plaisir extrême toutes les occasions de fournir une étape au clair de la lune.

Pour en revenir aux chameaux, en dépit de leur force de résistance, ils ne laissent pas de succomber parfois aux fatigues d'une marche excessive ou aux effets d'un jeûne prolongé. Leurs plantes s robustes finissent elles-mêmes par s'endolorir gravement au contact des sables brûlants et des tas de graviers acutangles. L'usage alors est de leur appliquer des sandales de cuir faites avec la peau cervicale d'une certaine espèce d'algazelle, et qui se clouent au sabot en manière de ferrure. On les soulage aussi du mieux que l'on peut, sitôt qu'ils donnent des marques d'épuisement, en les débarrassant de leurs charges, qu'on dépose au besoin dans des creux de rocher, pour les revenir chercher après coup.

Cependant, dès qu'un chameau devenu *battâl* (fourbu) refuse de boire aux stations, c'est un animal à peu près perdu. Longtemps encore, avec l'énergie naturelle à sa race, il essaie de réagir contre la lassitude qui l'accable ; puis, son pas se fait de plus en plus faible et chancelant ; la distance qui le sépare de ses camarades va toujours grandissant, et, à la fin, il se couche d'un air résigné pour ne plus se relever

L'intérêt de la caravane, d'accord avec l'humanité, commande alors qu'on abatte la bête et qu'on la dépèce pour s'en partager les morceaux découpés en rondelles et lanières que l'on met à sécher au soleil. Par malheur, la colonne voyageuse n'a pas toujours le temps d'accomplir cette besogne de boucherie miséricordieuse et utilitaire, si bien que force lui est de passer outre, et de livrer l'animal aux vivisections que vient bientôt pratiquer sur lui la gent famélique des chacals et des hyènes. Aussi n'est-il pas rare que les chemins, comme les abords des fontaines, soient jonchés de squelettes et de reliefs de chameaux desséchés par l'air torréfiant du désert.

L'homme, lui aussi, dans ces districts inhospitaliers, est quelquefois, par suite des fatigues et des privations, saisi d'une sorte de fièvre cérébrale que l'on appelle *râgle*, et qui lui cause des visions déli-

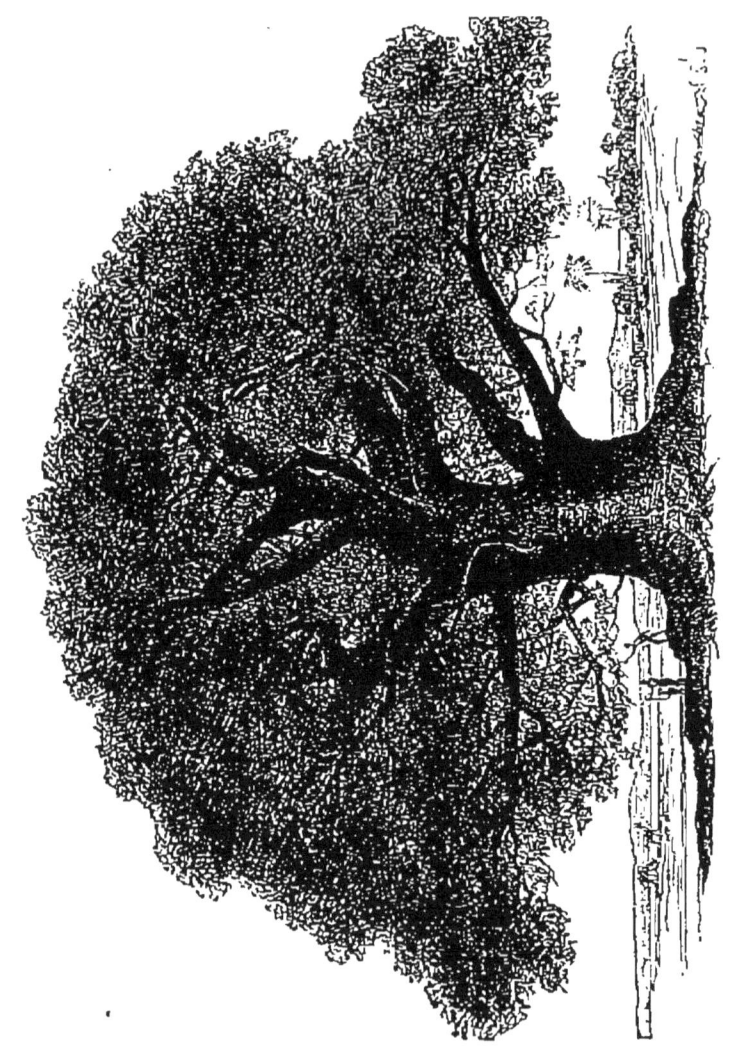

BAOBAB.

rantes. Un épisode du voyage de M. Nachtigal aux districts tibestiens d'Afafi nous en donnera une idée saisissante.

La caravane, partie depuis dix jours de Mourzouk, cheminait dans une région quasi vierge, où nulle trace humaine ne s'apercevait, où nul accident caractéristique de terrain ne pouvait servir de point de repère. Le soir du second jour, le guide tédêtou, après avoir observé l'horizon, avertit son monde, à l'heure de la halte, d'économiser ce qui restait d'eau, attendu que la fontaine la plus proche devait encore se trouver assez loin.

Le lendemain, nouvelle étape forcée de huit heures, et toujours nulle trace d'aiguade.

A la nuit, — on continuait de marcher, — l'inquiétude commença de prendre M. Nachtigal. Le guide ne s'était-il pas trompé dans son estimation des distances ? Etait-il même sûr de sa direction ? Ne se pouvait-il aussi que la fontaine en question, qu'il ne connaissait que pour y être allé une fois étant jeune, eût cessé d'exister ou bien se fût tarie ?

On était au cœur de l'été, dans une saison où, deux jours sans eau, c'était la mort à peu près certaine, et l'évaporation, si forte au désert, contribuait à diminuer à vue d'œil la provision presque épuisée. Même au prix du rationnement le plus sévère, il était évident que le jour suivant était appelé à en voir la fin.

A force d'aller, les voyageurs avaient atteint un relief montagneux, autour duquel ils tournèrent toute la nuit, sans y découvrir un col praticable. Le résultat de ces circuits, c'est qu'au matin ils avaient dévié sensiblement de leur direction.

Il ne restait plus en tout, pour dix hommes, que dix litres d'eau environ. A la halte suivante, on en but les trois quarts ; puis on se remit en marche, tous les yeux anxieusement fixés sur la physionomie du guide qui, de temps à autre, escaladait la pointe d'un rocher pour interroger l'espace devant lui, et toujours répétait ces deux mots : *mâ gâl* (pas encore) !

A la nuit, nouvel arrêt de quelques heures, pendant lequel on acheva presque de vider l'outre. Ensuite la muette colonne repartit, le spectre de la soif cheminant devant elle. Bientôt un des hommes se jeta à plat ventre, et se mit à gratter fébrilement le sol ; ce ne fut qu'à force de le secouer qu'on parvint à l'emmener.

Au matin, on procéda à la distribution de ce qui restait du précieux liquide ; chacun en eut pour sa part six onces environ. « Ce fut notre guide, dit M. Nachtigal, qui but le dernier. Il rabattit sur son menton le voile (*litham*) qui lui enveloppait le nez et la bouche, et, après s'être rincé la muqueuse, il recracha d'un jet la gorgée par les interstices de ses dents, comme si c'eût été tout simplement un peu de jus de ce tabac vert que mâchent éternellement les Toubou ; après quoi il me tendit le gobelet avec le reste de son contenu, en disant « qu'il n'avait pas encore soif, mais qu'il comprenait parfaitement que, pour nous autres, *gens de l'eau*, ce petit commencement de privation pouvait être dur ». C'est une idée généralement répandue dans ces districts centraux du désert que les chrétiens, *qui habitent en tas pressés des îles bourbeuses au milieu de la mer* (c'est-à-dire la pluvieuse Europe avec ses côtes profondément échancrées), mènent une vie à moitié amphibie. J'admirai, je l'avoue, l'énergie résistante de cet homme, aussi sec que la région désolée qui l'avait vu naître, aussi âpre et aussi dur que les rochers de son Tibesti, et je m'expliquai fort bien l'espèce de pitié méprisante que des êtres de ma sorte devaient inspirer à ses pareils. »

Ces suprêmes libations accomplies, la colonne s'ébranla derechef; seulement, après délibération, le guide et un des hommes de l'escorte partirent en avant sur leurs vigoureuses bêtes de montagne, pour tâcher de gagner au plus vite l'aiguade, et en rapporter une provision d'eau.

La station aquifère devait se trouver au point initial d'un large *oued* dont la troupe suivait le bord. De nombreuses traces de pieds de chameaux, d'antilopes et d'ânes sur le sable fin de la vallée, et surtout l'empreinte de la forte plante de l'autruche, annonçaient en effet la présence de l'eau à quelque distance. Aussi, ramassant leurs forces et aiguillonnant leurs montures harassées, les voyageurs marchèrent-ils de plus belle. Mais quand le soleil se fut élevé au dessus de l'horizon, la chaleur devint intolérable dans cet étroit val encaissé où, du sable luisant aux blocs de roc sombre, se produisaient des effets de réverbération incendiaires.

La reprise d'élan de la colonne n'y put tenir ; la lueur d'espérance qui avait un instant miroité devant elle menaçait de s'éteindre. La fièvre brûlait les yeux de chacun. Les chameaux eux-mêmes n'avaient pas l'air de faire grand fond sur l'éventualité de salut qui attendait la troupe au bout de la vallée. Les quelques maigres acacias qui pointaient sur la berge aride avaient de plus en plus le don de les fasciner. Deux fois déjà, la monture de M. Nachtigal, qui cheminait en tête, s'était étalée tout de son long sous un de ces arbrisseaux épineux; à force d'objurgations et de coups il avait réussi à lui faire reprendre sa marche trébuchante ; mais, à la troisième fois, la bête se coucha avec un si ferme propos d'entêtement que rien ne put la décider à se remettre sur pied.

Comme il arrive presque toujours en pareille occurrence, les autres chameaux de la colonne, au fur et à mesure qu'ils atteignirent l'acacia, ne manquè-

NACHTIGAL.

rent pas de prendre exemple sur leur chef de file, et de plier le genou à leur tour, si bien que toute la caravane se trouva bientôt étendue en tas, et ne songeant plus qu'à jouir, coûte que coûte, des douceurs du moment présent.

Peut-être, pendant cet intervalle de repos, le guide

parti en avant enverrait-il de quoi boire à la troupe ; sinon, on verrait, le soir venu, à user de ses dernières forces pour tâcher de gagner la fontaine en question.

C'était sur la première de ces éventualités que comptait surtout le docteur Nachtigal, et il essayait d'infuser quelque espoir dans les âmes de ses compagnons ; mais ceux-ci semblaient près du découragement. L'un était tombé dans une sorte de prostration morne ; un autre, un musulman Fezzanais, ne parlait plus que de sa fin prochaine, et se préparait, en priant tout haut, à faire décemment son entrée dans le paradis du Prophète.

Ici nous laissons de nouveau la parole à l'explorateur.

« Notre acacia, assez rachitique, n'était qu'un abri insuffisant ; aussi chacun de nous essayait-il de se blottir le plus près possible d'un des chameaux pour se faire un abri de ce corps puissant ; mais, à mesure que le soleil montait, l'ombre projetée par les bêtes et celle que donnait le feuillage de l'arbre allaient se raccourcissant davantage ; à chaque instant il nous fallait changer de position. Les minutes s'écoulaient avec une lenteur désolante. Autour de nous, pas un bruit, pas un souffle d'air. L'après-midi vint ; le soleil déclina insensiblement, et nous ne voyions pas le guide reparaître. Mon espérance faiblissait de plus en plus. Sans doute, me disais-je, nos éclaireurs auront trouvé la fontaine tarie, et ils en cherchent une autre plus loin.

« A force de ruminer mes tristes pensées, j'étais tombé dans un état de rêvasserie, où le passé et le présent confondaient si bien leurs images, que j'en arrivai à ne plus savoir si j'étais chez moi, dans mon pays, où parmi les rochers brûlés du Sahara. De temps à autre j'étais rappelé brusquement à la réalité, soit par la piqûre d'un rayon solaire sur ma face tuméfiée, soit par un subit grossissement de voix correspondant, chez le pieux Fezzanais toujours marmottant, à une nouvelle recrudescence de ferveur. Bientôt cependant je finis par sombrer dans une sorte d'hébêtement dont je n'aurais pu dire si c'était un demi-sommeil ou ce commencement d'inconscience qui précède la mort.

« Combien de temps dura cet état d'inertie où mes organes continuaient à percevoir les phénomènes extérieurs, sans qu'il s'en fît une transmission nette jusqu'à mon esprit ? Je l'ignore. Tout à coup, — était-ce un songe ou un effet de l'excitation maladive de mes sens ? — il me sembla qu'un énorme bouc fondait d'un bond sur notre acacia. Oui, j'aurais juré en avoir vu les cornes et la barbe. Puis, presque aussitôt, ce bouc se changea en un chameau, sur le dos duquel, vision ineffable ! se balançaient deux outres pleines d'eau. C'était le guide qui revenait juste à temps pour nous sauver d'une effroyable agonie.

« Dans l'état de faiblesse et d'irritabilité où nous nous trouvions, cette vue nous arracha des pleurs d'attendrissement. En un clin d'œil, et comme par miracle, chacun de nous se ranima. Le Fezzanais, oubliant Mahomet, et ajournant ses vues d'outre-tombe, interrompit la kyrielle de ses oraisons, et moi, instantanément, j'eus repris pied dans le présent. Seul, mon domestique Mohammed, dont rien ne pouvait troubler l'équilibre moral, s'abstint de toute démonstration de joie inconvenante ; il se contenta de tirer du sac aux provisions une douzaine de biscuits, qu'il trempa dans l'eau en faisant observer que, lorsqu'on a eu longtemps soif, il est bon de prendre quelque chose de solide avant de boire.

« Avec quels délices nous absorbâmes le précieux breuvage ! En toute autre circonstance, plus d'un de nous sans doute y eût rechigné, tant c'était une eau dégoûtante et remplie de corpuscules étrangers ; mais, pour l'heure, il nous fit l'effet d'un divin nectar, et nos lèvres en humèrent sans façon toute la lie de détritus. »

IV

Le désert une fois traversé, on entre dans la zone des steppes, intermédiaire entre le Sahara et la région des pluies estivales.

De quelque point du nord que l'on vienne, le même changement à vue se produit. Si l'on se dirige vers Timbouctou, c'est au sud de la ville d'Araouan que les aspects commencent à se modifier, et que l'on rencontre ces fourrés d'acacias, avant-garde épineuse de la puissante flore nigritienne. Si l'on marche vers le lac Tsad, c'est à la station de Belgajifari, passé le seizième degré de latitude, que s'accuse la transition de zones.

Bientôt, les formations pierreuses disparaissent, les mouvements du sol s'accentuent, les gramens du midi se multiplient, en même temps que la vie animale se développe (antilopes, girafes, sangliers, éléphants); puis la végétation arborescente apparaît. Aux ternes bouquets de mimosas succèdent des essences nouvelles, plus riches de frondaison et d'ombrage, le serrah (*mœrua rigida*), l'haraza (*acacia albida*), le palmier (*delêb*), le savonnier ou *hedjilidj*, le cotonnier, le baobab à feuilles digitées, l'arbre à fruits oursinés qu'on appelle *kourna* ; et à tous ces fûts majestueux d'aspect s'enroulent un nombre infini de convolvulacées et de plantes grimpantes.

Ce n'est pas encore la forêt luxuriante et toujours fraîche de la zone qu'arrosent des cours d'eau permanents ; mais c'est déjà une espèce de bois clair, composé de troncs bien touffus, au pied desquels se développent pendant trois mois de l'année de superbes tapis de verdure, et où la terre est alors toute jonchée de capsules et d'ardillons agressifs, sans parler de mille fruits à piquants qui vous accrochent au passage les vêtements et la peau.

BRUYÈRES.

En revanche, plus d'akoul, plus d'hâd, plus une seule de ces plantes fourragères spéciales au chameau. Aussi est-ce non loin de là, vers le douzième parallèle nord, que cessent l'empire proprement dit de cet animal et le ressort exclusif de son fonctionnement. Or, où le chameau ne peut plus rendre de services continus, adieu le train de la vie nomade, dans l'acception essentielle du mot. L'indigène tend forcément à devenir sédentaire ; les populations aspirent à se grouper ; l'agriculture et l'élève du bétail restent leur ressource de prédilection.

Il n'est pas jusqu'aux Arabes émigrés au Bornou,

ces *Schoas* dont j'ai parlé ci-dessus, qui n'aient dû renoncer au chameau de leurs pères pour se faire pasteurs. Dans ce pays de population dense, l'espace d'ailleurs leur eût manqué pour continuer leurs courses errantes : c'est pourquoi ils ont pris le parti de s'attacher à la glèbe. Ils ont des champs, des jardins, des troupeaux; ce sont eux, en majeure partie, qui approvisionnent de grain, de beurre, de riz sauvage et de bœufs les principaux centres de la contrée et spécialement le grand marché du lundi à Kouka. On reconnaît en particulier leurs bourgades à d'énormes et disgracieuses huttes de roseau et de chaume, où bêtes et gens habitent pêle-mêle dans une pièce unique, de vraies boîtes à fumée, dit un voyageur, à cause du feu de bois vert que les habitants y allument chaque soir pour en expulser les légions de mouches dévorantes qui pullulent dans ces cases primitives et qui sont un des fléaux du pays.

En ces parages, ce n'est pas seulement pendant les quatre mois (juin à septembre) de la saison des pluies estivales, *ningueli*, que toute espèce de locomotion devient pour ainsi dire impossible, c'est encore durant la période suivante, alors que le sol, avant de se sécher, demeure tout entier à l'état de marécage. Comment le chameau pourrait-il cheminer dans cette fange visqueuse? D'ailleurs, de tous les quadrupèdes, il est celui qui nage le moins bien, et ces plaines centrales du Soudan sont coupées de rivières souvent torrentueuses et de larges fleuves aux berges à pic, où les ânes et les chevaux du terroir ne déploient eux-mêmes qu'avec beaucoup de peine et de mauvaise humeur leurs talents natatoires.

Il faut donc ici que le voyageur s'avise d'un véhicule

différent. L'âne, dont je viens de parler tout à l'heure, ne laisse pas, à coup sûr, d'avoir ses mérites.

Sans pouvoir faire concurrence au chameau, cet animal, en arabe *hiram*, rend en Afrique de très grands services. Il est principalement utilisé sur la côte méditerranéenne, ainsi que dans la région du Nil, où le cheval, assez rare, constitue en somme une monture de luxe. A Tripoli même, dans les rues de laquelle on ne trouve guère plus de voitures publiques qu'en cette cité lointaine de Khartoum, où M. Schweinfurth ne vit qu'un seul véhicule à roues (et encore ces roues étaient à l'envers), à Tripoli, dis-je, c'est à dos d'âne que l'on se rend de l'intérieur de la ville aux populeuses oasis des Jardins.

ANE AFRICAIN.

Excellent porteur, le roussin d'Afrique peut, comme bête de somme, tenir encore volontiers sa place à côté du chameau. Au Tibesti, où il y a pourtant des chameaux hors ligne, il joue, à tout prendre, un rôle important, et nous savons que M. Nachtigal, lorsqu'il s'enfuit du val Bardaï, où depuis six semaines les rapaces Toubou le gardaient à vue, eut grand soin, pour surcroît d'équipage, de se munir d'un âne, animal qui pouvait, nous dit-il, lui être un auxiliaire fort précieux parmi les âpres rochers de la montagne et « plus tard, peut-être, suppléer un chameau ».

Néanmoins, ce ruminant ne résiste pas plus de deux jours à la soif, et encore faut-il qu'en chemin il trouve des herbes fraîches à brouter. Sa charge peut se monter jusqu'à deux cents kilogs ; mais, en général, il est difficile de faire fond sur lui pour de longs trajets. Son indocilité et son entêtement exigent une surveillance incessante ; autant de bêtes, autant de conducteurs. Puis son allure est irrégulière, il s'arrête tout court, sans raison valable, et rue à plaisir contre son voisin. C'est pourquoi, dans l'Afrique centrale, il est peu employé à titre de sommier ; il y convient surtout comme monture au voyageur qui n'a d'autre bagage qu'un havresac jeté sur la selle. C'est de cette façon que des milliers de petits marchands (*Djellaba*) traversent le Soudan mahométan dans toute sa longueur, des rives du Sénégal à celles de la mer Rouge.

Par contre, dans le haut massif de l'Abyssinie, l'âne n'est jamais monté (l'homme de là-bas croirait déroger) ; il sert au transport des denrées ; mais en cela encore il ne vient qu'en seconde ligne. Dans cette zone montagneuse, l'animal de bât par excellence, c'est le mulet. Seulement, vu les extrêmes difficultés que présentent les sentiers du pays, le faix qui lui est imposé ne dépasse guère cent cinquante kilogs, la moitié d'une chamelée ordinaire.

Quant au cheval, là même où il abonde, comme dans l'Abyssinie susnommée, l'usage n'est pas de lui faire porter des fardeaux. S'en servir pour traverser le désert, nul voyageur au train modeste n'y saurait songer d'une manière sérieuse. Pour une marche de huit jours, il faudrait déjà, grosse dépense, lui adjoindre une couple de chameaux chargés d'eau et d'orge. A partir de Mourzouk seulement, on peut l'enfourcher en sécurité ; c'est même l'équipage indispensable pour se présenter décemment au Bornou, et

SCHWEINFURTH.

sur la route du Fezzan au lac Tsad, on voit presque autant de chevaux que de chameaux.

La région soudanienne dont Kouka est la capitale nourrit en effet une belle race chevaline, originaire, il est vrai, de la côte nord, mais dont l'acclimatation au midi date déjà de près de huit cents ans. Le galop et un amble rapide en sont les allures habituelles; pour le trot, elle ne le connaît pas.

Le Bornouan tient à son *fir* (cheval) autant qu'à son esclave favorite; il se plaît à le caparaçonner d'ornements fantastiques, de housses de soie et de coton brodé, à lui surcharger la tête et le cou de plaques de laiton, de pendeloques, d'amulettes de tout genre. Tel gros personnage de la cour de Kouka possède dans ses écuries un millier d'étalons et de juments poulinières.

Dans les districts païens situés plus au sud, vit une autre variété de chevaux non moins remarquable; c'est une race de poneys d'une vélocité prodigieuse, à la racine des naseaux déprimée, et portant en guise de selle une large écorchure à vif sur le dos. Ces bêtes sont les auxiliaires indispensables de toutes les demeures rustiques du pays. A la moindre alerte, prévenus d'un village à l'autre par les résonnances d'une corne d'antilope que chaque habitant porte pendue au cou, les indigènes enfourchent prestement leurs petites montures, et bientôt tout le monde se trouve rassemblé pour aviser au commun intérêt.

V

Nous voici parvenus insensiblement à la ligne de démarcation de l'Islam et du paganisme; pour le voyageur qui continue de là dans la direction de l'équateur, les choses changent du tout au tout. Il lui faut rompre désormais avec ses habitudes antérieures et les procédés de locomotion dont il a fait tour à tour l'expérience. Derechef, des sites nouveaux et une faune nouvelle se présentent à lui.

C'est la zone des landes hirsutes et des forêts presque impénétrables, qu'interrompent, je l'ai dit, des espaces herbus d'un caractère sauvage et bizarre.

Là, les routes, cette première attestation du progrès chez un peuple, n'existent pas ; ce ne sont que des pistes, de vingt à trente centimètres de largeur, pratiquées par les indigènes dans la saison où ils voyagent, et qui, à l'époque des pluies, disparaissent sous les fortes poussées d'une végétation luxuriante. Le sentier, dans la plaine libre, allonge et tord à l'aise ses méandres ; mais, dans les jongles, ce n'est plus qu'un tunnel dont la voûte branchue vous arrête au passage.

NÈGRE DU CONGO.

Près des villages, le sillon se heurte tantôt à des amas de fascines, tantôt à des haies d'euphorbes, ou à des rangées d'estacades, et contourne, à n'en plus finir, les enclos. Dans les grandes futaies, il est coupé par des fondrières, et on n'en reconnaît la trace qu'à une ligne d'arbres écorcés ou brûlés. Dans les marécages enfin, il plonge intrépidement dans la vase. Partout d'ailleurs ce simulacre de chaussée est miné par une gent d'insectes et de rongeurs qui le machinent comme une scène d'opéra et le transforment en un piège perpétuel.

En ces régions centrales de l'Afrique, l'Européen retombe brusquement sur ses pieds. Vainement chercherait-il ici, pour le porter, lui et son bagage, quelqu'un de ces quadrupèdes dont la croupe et l'allure lui sont familières. Ni chevaux, ni mulets, ni chameaux, ni ânes. En ce pays de l'esclavage, l'unique sommier, c'est l'homme lui-même. De la rivière des Gazelles au Congo, et du Niger au Zambèse, il n'existe point d'autre véhicule que le dos du nègre ou sa tête laineuse.

Des voyageurs ont osé affirmer que ce mode sacrilège de transport réalise, après tout, l'idéal de la commodité et de l'agrément : rapidité du branle-bas de marche, précision des mouvements, ordonnance régulière de l'ensemble, halte facile et instantanée, ne sont-ce pas là autant d'avantages sérieux et pratiques? Le naturaliste notamment, qui rôde sans cesse en quête de butin sur un flanc ou l'autre de la caravane, est enchanté de pouvoir, à toute heure, suivi de quelque acolyte docile, fourrager au gré de sa fantaisie. Ces trésors qu'il glane en chemin, il n'a pas l'ennui de les emballer dans des caisses ficelées de savantes ligatures, et auxquelles, de toute la durée de l'étape, il lui est formellement interdit de toucher ; il ne craint pas non plus que son sommier, par maint heurt contre les rochers ou les troncs d'arbres, ne détériore les objets fragiles qu'on lui donne en garde.

Le nègre d'ailleurs semble né porteur. Au dire du capitaine Burton, les indigènes ounyamouézis (à l'est du Tanganika), considèrent le portage comme une preuve de virilité. Dès l'âge le plus tendre, ils s'exercent et *jouent* au métier en se chargeant d'un petit morceau d'ivoire. Ils voyagent de race, comme les chiens chassent, et, de l'homme qui ne bouge de chez lui, ils disent qu'il « couve ses œufs ».

SAVORGNAN DE BRAZZA.

De même, sur la côte opposée de l'Afrique, les Bihénos visités par Pinto, comme les Batékès dont parle Brazza, ont la passion des courses lointaines; ils s'enfoncent sans hésitation, dès qu'il s'agit d'une question de trafic, dans les districts les plus inconnus, et les commerçants portugais de Benguêla n'ont pas manqué de mettre à profit cette humeur vagabonde des noirs, leurs voisins. Chez cette peuplade, les porteurs sont même constitués en bandes régulières, qui élisent parmi elles un chef appelé tantôt *quissongo*, tantôt *pombeiro*, et auquel on s'adresse d'ordinaire pour régler les conditions du service.

Le poids d'une charge de nègre dépend naturellement de la longueur et de la nature des trajets, comme de la force des hommes employés. M. Schweinfurth dit que sur le haut Nil le faix normal est de 25 kilogrammes, tandis que sur le Congo il s'élève jusqu'à 75 et 100 livres. Pour certains fardeaux à la fois lourds et indivisibles, tels que les dents d'éléphant (une seule pèse parfois 80 ou 90 kilog.), il y a, du reste, des porteurs d'élite. La façon de procéder varie selon la peuplade. Les Mombouttous, par exemple, qui tiennent avant tout à ne pas déranger ni écraser le haut édifice de leur chevelure tordue en crête, en casque ou en côtes de melon, portent leur charge sur le dos, au moyen de bannes assujetties à deux bretelles et soutenues par une sangle passée autour du front. D'autres se posent, au contraire, le faix sur la tête, à la faveur d'un coussinet rond fait d'un lacis d'herbes et de feuillage et adapté au relief du crâne. Rarement, si ce n'est pour se soulager, les noirs mettent leur fardeau à l'épaule. Ces indigènes de la zone équatoriale de l'Afrique boivent plus souvent que les Nubiens et les gens du désert ou des steppes ; mais dans leurs régions, l'eau se rencontre presque partout, ce qui diminue d'autant le poids de l'approvisionnement nécessaire.

La grande question, c'est de nourrir en route tout

ce monde. La chose est fort malaisée, non pas seulement dans les districts déserts et incultes, où l'on ne trouve rien à se mettre sous la dent, mais encore dans les régions habitées, où le sol est régulièrement exploité. En presque toutes les contrées de l'Afrique centrale où l'Islam n'a point pénétré, il n'existe point de villes et de villages au sens que nous attachons à ce mot.

Les grandes cités nègres du Soudan doivent uniquement leur existence à l'esprit de mercantilisme de leurs populations arabisées; encore les plus populeux de ces centres, ceux où résident des rois puissants, dont l'autorité plus ou moins effective s'étend sur des millions d'âmes, ne possèdent-ils point de magasins dans le genre des nôtres. Certaines familles ont bien une réserve de sorgho ou de blé destinée à leur entretien personnel; mais, sauf pendant la période de temps qui suit immédiatement la moisson, ces greniers ne sont jamais pleins. Le prince lui-même, obligé de nourrir des centaines de femmes qui passeront par héritage à son fils, se tire d'embarras en leur assignant une aire de terrain qu'elles exploitent pour leurs besoins propres; quant aux approvisionnements spéciaux du souverain, ils servent à son entourage immédiat.

FEMME MOMBOUTTOU.

Une caravane arrive-t-elle dans ces parages relativement bien pourvus, force lui est de ramasser au loin et avec toutes sortes de difficultés la quantité de vivres dont elle a besoin. Si, entre les membres qui la composent et la population du pays, il n'existe point de rapports hostiles, les réquisitions, par échange ou achat, s'opèrent tant bien que mal; dans le cas opposé, il n'y a rien à faire; toute source d'alimentation est tarie. Il faut alors procéder par la force, comme ce fut le cas de la colonne baguirmienne, commandée pourtant par le roi en personne, avec laquelle le docteur Nachtigal s'enfonça dans la partie sud du Soudan.

Des munitions de bouche ainsi conquises ne représentent rien de fixe et de durable; après un certain nombre de razzias, les habitants dépouillés prennent la fuite, emportant avec eux ce qu'ils possèdent, et bientôt le vide absolu se fait autour de la caravane, à moins, ce qui est plus grave encore, que les gens de l'endroit, se sentant en force, ne résistent ouvertement aux pillards : c'est alors la guerre déclarée.

Aussi le gros souci de l'explorateur, quand, après quinze jours de marches forcées à travers des régions inhospitalières, il aborde tout à coup, avec ses porteurs, un territoire cultivé et fertile, est-il d'empêcher la bande famélique de fondre sur les jardins de pisangs aux fruits alléchants, sur les plantations de maïs et de manioc, dont les jaunes panouils miroitent au soleil, car l'indigène guette la colonne, prêt à l'attaquer à la moindre faute. Généralement, le chef de celle-ci traite avec le préposé du district de la livraison de tant de têtes de bétail et de mesures de grain; par malheur, les conventions faites ne s'exécutent pas toujours strictement, et il ne reste plus qu'à se ravitailler au moyen d'escouades détachées de toutes parts.

PORTEURS AFRICAINS.

Un autre danger des expéditions entreprises à grand renfort d'hommes, c'est la mutinerie ou la désertion possible des noirs. Dans la région du haut Nil, où les marchands d'ivoire, qui font en même temps la traite des esclaves, ont leurs établissements appelés *zéribas*, le service des porteurs est organisé d'une façon régulière. Les autorités de Khartoum informent d'avance les anciens de chaque district que, tel jour, à telle heure, ils devront conduire à la *zériba* voisine un nombre d'hommes déterminé, dont ils répondent d'ordinaire sur leurs têtes.

Là où la soumission des tribus est ancienne et complète, on obéit sans murmurer, et par un simple pli d'habitude, à cette injonction formelle de corvée; mais, dans les parages où vivent des peuplades encore mal réduites, la chose ne va pas sans difficulté, et, pour peu que les noirs recrutés marchent en rechignant, on devine quelle sévère surveillance s'impose au chef de la caravane, surtout au début, où la fidélité de ses gens ne tient qu'à un fil. Ajoutons pourtant que, si le nègre affamé est enclin à se révolter ou à fuir, en revanche le nègre repu est généralement le plus doux et le plus résigné des mortels. On l'a dit avec raison, le voyageur qui trouverait le secret de rendre mangeables les pierres du chemin, ou, ce qui est peut-être aussi malaisé, d'avoir sans cesse en queue de sa colonne un troupeau frais de bœufs et de moutons, règnerait en maître sur l'Afrique centrale.

En attendant, c'est de viande séchée (parfois aussi de poisson sec, témoin l'expédition allemande du Loango), que vit spécialement la plèbe des porteurs. Seulement, pour se mieux remplir l'estomac, à cette viande, triturée à souhait, le noir mélange, lors de la cuisson, différentes matières prises dans les forêts : racines, oignons, tubercules, feuilles de courges et de malvacées. Sa capacité de digestion est, par le fait, inimaginable. Lézards, serpents, chenilles, sauterelles, araignées, crabes de terre, fourmis, il s'assimile tout sans effort; les charognes mêmes lui sont friandise. Aux girations décrites par une troupe d'oiseaux au-dessus de tel ou tel coin de forêt, il devine qu'il y a là un charnier, des restes quelconques d'un dîner de fauve, et incontinent il y court.

D'une vertèbre ou d'un pied d'antilope auxquels adhèrent encore quelques lambeaux de fibres ou de chair desséchée, il excelle à tirer une façon de soupe (*mahi-mini*), qui met en liesse sa nature omnivore. Les reliefs que la bête la plus affamée se borne à ronger, le nègre, lui, les ingurgite ; il broie les articulations condyliennes pour les fricasser, il rôtit la peau la plus coriace, et les poils mêmes, rissolés au feu, lui constituent un revenant-bon.

C'est pourquoi aussi, le cas échéant, rien n'est plus terrible qu'un noir à jeun. M. Schweinfurth raconte quelque part que ses porteurs, après une diète de six jours entiers, arrivant enfin dans une région plus bénie du ciel, se jetèrent sur des corbeilles de grain qu'on venait d'apporter, et avalèrent cette provende crue, comme l'eût pu faire une troupe d'oies voraces.

VI

L'Afrique, le pays des *wadis* à sec, est aussi par excellence celui des rivières torrentueuses ; même au désert, il suffit parfois d'une pluie abondante pour remplir entièrement le lit d'un oued. En certains districts de montagnes, tels que le Tibesti, les brusques flux d'ondes résultant d'un orage emportent fréquemment le bétail paissant. Dans la zone soudanienne, ces crues ont encore plus de violence; tel fleuve qui, au printemps, n'est qu'une suite de gués ou de mares bourbeuses, se transforme, à la fin de l'été, en un large torrent qui inonde ses berges. Vers l'équateur enfin où le régime des eaux terrestres acquiert une puissance inimaginable, et d'où s'élancent aux quatre points de l'horizon des rivières obstruées de bancs d'herbes ou de rapides, les procédés de navigation sont soumis à mille sortes d'entraves et épuisent toutes les fantaisies possibles.

Ne s'agit-il que de traverser un abîme liquide de peu de largeur, on peut suppléer au manque de barques en abattant les arbres voisins pour s'en faire un pont, ou encore, le cas échéant, tendre d'une rive à l'autre de forts câbles en écorce et des lianes sauvages qui forment une espèce de passerelle suspendue. C'est de cette dernière façon que Schweinfurth franchit la rivière Tondj à la frontière nord du pays des Niam-Niams.

Le cours d'eau, assez étroit, roulait avec une rapidité qui compliquait fort les difficultés. Que firent les porteurs bongos de la caravane ?

Très experts dans l'art de tordre certaines écorces riches en liber, dont ils tirent leurs filets de chasse et de pêche, ils eurent vite confectionné deux solides chaînes végétales, qu'ils attachèrent à de gros piquets fichés aux berges. Sur ces cordes raidies bien parallèlement, l'une à quelques pieds sous l'eau, l'autre juste au dessus de la surface, une dizaine d'hommes se placèrent à la file, les pieds reposant sur le câble inférieur, la poitrine appuyée à celui d'en haut. Dans cette position, moitié nageant, moitié se balançant, ils purent, grâce à la double barre de soutien ménagée à leur corps, résister victorieusement au courant, et comme ils conservaient leurs mains libres, ils n'eurent qu'à se tendre les uns aux autres chaque pièce du bagage, jusqu'à ce que toute la cargaison, parmi laquelle il y avait des dents d'éléphant du poids de 85 kilogrammes, se trouvât transbordée à l'opposite.

Le cours d'eau à passer est-il trop large, et les arbres font-ils défaut sur la place : on construit des radeaux de joncs et de gramens secs, sur lesquels on met la charge, émiettée le plus possible, et que remorquent jusqu'à l'autre rive les nageurs de l'escorte. Certains voyageurs ont aussi employé avec succès des chaloupes de caoutchouc portatives, qui se gonflent au moyen de soufflets. On peut également, à moins de frais encore, transformer en embarcations les énormes calebasses si abondantes dans l'Afrique tropicale. Tantôt on creuse deux de ces courges qu'on attache ensemble supérieurement à l'aide de baguettes ; le voyageur, déshabillé, se met à cheval sur les traverses, et, pour ses vêtements et ses menus bagages, il les dépose dans les cavités flottantes. D'autres fois, pour avoir un radeau plus fort, on assujettit ensemble par paires un certain nombre de ces calebasses, et l'on pose par dessus un bachot où le passager peut s'installer à sec avec ses colis.

Un genre de nacelle plus parfait, dans cet ordre essentiellement primitif, c'est celui que les insulaires du Tsad par exemple, comme les riverains du Chari ou de ses affluents, confectionnent à l'aide de gros morceaux de bois de *phogon* soigneusement liés ensemble, avec une sorte de museau redressé pour fendre les flots, et que des nageurs poussent devant eux. Quant aux bœufs, aux chevaux et aux ânes, s'il y en a dans la caravane, ils passent à la nage, leurs conducteurs les tirant vigoureusement par l'oreille.

VII

Si, au lieu d'aborder l'Afrique par le nord, on l'aborde par la pointe opposée, on se trouve, je l'ai déjà dit, en présence d'un état social et d'une nature autres. Pour avoir une idée d'ensemble des diverses façons de voyager dans cette zone australe du pays, il suffit de décrire un vaste demi-cercle d'ouest en est, depuis la fameuse baie de la Table jusqu'au golfe de Delagoa, en passant par le pittoresque massif des monts du Dragon (Drakensberg).

Ici, comme mode de locomotion, nous retrouvons le véhicule à roues, sous des formes, il est vrai, caractéristiques. C'est d'abord le massif *wagon* dit du Cap, lequel fonctionne jusqu'à Schochong; plus haut, la terrible mouche tsétsé s'oppose à l'emploi de toute bête de trait, et l'homme reprend son rôle de porteur.

Traînés par dix-huit ou vingt bœufs, les chariots de roulage de l'Afrique australe mettent six semaines et plus pour aller du Cap aux Champs de diamants de l'Ouest-Griqualand, ce qui représente un trajet moyen de 23 ou 24 kilomètres par jour, et encore la célérité de la marche dépend-elle essentiellement de la saison et de la quantité de fourrage que les bêtes rencontrent sur le steppe du Karrou.

Ce steppe qui, pendant l'hiver, est complètement

nu et pelé, se revêt, dans les mois humides de l'été, d'un beau gazon vert sur lequel tranche une flore bizarre d'arbustes nains et de tiges épineuses. Dans cette dernière saison même, le *transportrider* ou voiturier chemine très souvent la nuit, parce qu'il fait alors plus frais et que l'attelage n'est pas harcelé par les mouches.

Il va de soi que, pour les voyageurs pressés d'arriver, les lourds véhicules précités n'ont jamais été l'idéal du genre; aussi, dès la découverte des Champs de diamants, l'*Inland-Transport-Company* avait-elle établi un service régulier de diligences accomplissant deux fois par semaine le trajet de Wellington, tête de ligne provisoire du chemin de fer, à l'Ouest-Griqualand. Ces célérifères, traînés, eux aussi, par sept ou huit paires de chevaux ou de mules, ne sont que des boîtes malpropres et informes, recouvertes d'une bâche de toile à voiles, où douze personnes sont entassées sur quatre banquettes tellement exiguës qu'il est impossible d'y faire un mouvement. Les conducteurs en sont généralement des Malais, passés maîtres dans l'art de manier le grand fouet (*zambock*) de quatorze pieds de longueur au manche et de vingt-cinq au cordeau.

De Wellington, on gravit d'abord des rampes étroites et rocheuses; on traverse ensuite le sauvage défilé de Bain, qu'entoure un cercle de monts grandioses, puis le col, plus âpre encore, dit des Hottentots, et l'on débouche sur la vaste plaine du Karrou.

C'est là que commencent les tribulations du voyage. A chaque instant, sur le chemin, on aperçoit des squelettes d'animaux à demi rongés par les fauves du plateau. Pour les gîtes, ils sont rares, et, malgré le titre pompeux d'hôtels qu'elles se décernent généreusement, les auberges qui jalonnent le parcours ne sont que de pauvres habitacles en fer galvanisé ou en briques, composés de deux pièces au plus, et où, pour coucher, on n'a que de la paille. Trop heureux encore le voyageur, si quelque accident survenu à la grosse machine roulante, une rupture d'essieu par exemple, n'oblige pas l'équipage à s'arrêter court et à camper sur la lande râclée par les vents nocturnes.

De loin en loin on rencontre une ferme ; mais le maître de l'habitation n'est pas toujours très hospitalier, et, s'il refuse d'ouvrir sa porte, le mieux encore est de ne pas insister. Joignez qu'on ne change jamais d'attelage ; il y a seulement, sur les routes principales, des places où les bêtes ont un droit gratuit de pacage pour deux jours et deux nuits ; passé ce temps, il faut payer une taxe légère : grosse économie de nourriture pour quiconque voyage avec ses chevaux ou avec ses bœufs. L'inconvénient, c'est que les animaux, laissés libres, en profitent, ainsi que les chameaux dans les herbages de l'Afrique septentrionale, pour prendre nuitamment le large, si bien que l'on perd d'ordinaire plusieurs heures et parfois même des journées entières à rallier les fuyards.

C'est au delà du steppe du Gouff que la végétation s'enhardit et que les fermes commencent à se multiplier ; puis, à partir du fleuve Orange, on entre dans l'Etat libre, et les aspects deviennent tout à fait grandioses. A perte de vue s'étendent de vastes espaces herbus où paissent bœufs, chevaux et moutons, et que sillonnent de place en place de longs reliefs de forme tabulaire, hérissés de buissons tellement minuscules qu'ils semblent de loin absolument glabres. De petits oiseaux emplissent l'air de chansons. De deux en deux heures à' peu près, on aperçoit

PASSAGE D'UNE RIVIÈRE EN AFRIQUE.

un logis de Boer, avec son jardin, son annexe d'étangs-réservoirs destinés à recueillir l'eau pluviale, là où il n'y a pas d'onde courante, parfois aussi son parc à autruches, et toujours ses kraals, combles de fumier, où la nuit on retire le bétail. L'été, l'immense aire est en outre animée par la présence de milliers d'antilopes qui viennent y paître les hauts gazons, pour émigrer, au moment de l'hiver, vers les districts montagneux de l'est, dans le Bassoutoland et Natal, où d'incessantes pluies entretiennent toute l'année d'excellents pâtis.

Les deux espèces d'arbres caractéristiques de cette région, que ses habitants ont malheureusement déboisée à l'excès, c'est d'abord un mimosa spinigère (l'arbuste à girafe) qui, au printemps, avec ses bouquets de fleurs d'or, prête un charme extrême au paysage ; c'est ensuite une essence buissonneuse, qui se retrouve au Soudan, et dont les fourrés ont le privilège de faire damner ceux qui les traversent. On lui donne le nom expressif de *Wachte enbitje* (attends un peu), parce que ses branches pleines d'aiguillons tors accrochent de toutes parts les habits du passant et, bon gré mal gré, le forcent de s'arrêter. Tout essai de violence pour rompre l'étreinte n'aboutit qu'à la resserrer de plus en plus ; l'unique ressource est de défaire une à une, avec précaution, ces agrafes insidieuses.

Sans parler des formidables orages qui fondent à chaque instant sur ces plaines et auxquels s'ajoutent, en certains districts, de gigantesques trombes de poussière venant du désert de Calahari, le voyageur est parfois exposé à des tourmentes d'un genre tout spécial : ce sont, par exemple, les pluies de sauterelles. Brusquement, le ciel s'assombrit, et une espèce de nuage fumeux apparaît aux confins du steppe. Ce cumulus noirâtre et vivant se rapproche rapidement, et bientôt l'on se trouve en plein sous le grain.

Impossible alors de rien discerner à vingt pas devant soi; des myriades de ces locustes volantes, que chez nous, au moyen âge, on excommuniait, s'il vous plaît, selon le rituel, se laissent choir sur votre tête du plus haut des airs, vous battent en tas pressés la figure, s'attachant de leurs pattes crochues à toutes les parties de votre costume, avec un bruit d'ailes semblable au grondement de la mer. L'assaut dure quelquefois des heures, et, à mesure que le soleil décline, les masses d'insectes croulant à terre sous le poids de la fatigue ne cessent de devenir de plus en plus denses. Les buissons d'alentour en sont tout couverts, les branches se courbent sous le faix, les roues du chariot écrasent par milliers à la fois ces petits corps sans vertèbres, et le sol crépite et grésille comme si l'herbe flambait.

L'herbe flambe en effet parfois, soit par suite d'accident, soit que le Boer y ait mis le feu intentionnellement, afin de rajeunir le pâtis; dans ce cas, il peut arriver que, faute d'avoir le moyen d'obliquer ou de fuir en arrière, il faille marcher du côté de l'incendie.

Un ex-mineur du Griqualand raconte qu'un jour, en allant au Transvaal, il fut surpris, avec un vent debout, par un de ces embrasements du steppe. Une chance unique lui restait encore, c'était de réussir à gagner à temps avec son chariot une partie de plaine basse déjà consumée où quelques buissons seulement continuaient à brûler.

L'espace à franchir dans cette direction dessinait par malheur un escarpement tout hérissé de bosselures et de rochers. Les conducteurs, s'escrimant du *zambock*, jetèrent néanmoins leur cri de *fat an* (en avant), et l'attelage de s'élancer au triple galop, à quelques pas du brasier menaçant, vers le fonceau où était le salut. Arrivées là, toutes les bêtes s'abattirent, et, quant aux Cafres, qui avaient suivi le véhicule en courant, les yeux leur sortaient presque de la tête !

Quand ce n'est pas le feu, c'est l'eau qui ajoute aux péripéties de ces trajets émouvants. Comme la région, en majeure partie, se compose d'un immense plateau ondulé qui, de la ligne de faîte orientale, les monts du Dragon, va s'inclinant à l'opposite vers les grands fleuves Vaal et Orange et leur réseau d'affluents multiples, il en résulte que chaque grosse pluie engendre des crues rapides et violentes. Telle rivière qui, comme la Modder, n'est pendant les mois secs de l'année qu'un oued aride, peut se transformer dans les vingt-quatre heures en un torrent large et mugissant où des troncs d'arbres sont emportés ainsi que des fétus. Il faut voir alors les longues files de chariots et d'attelages, attendant sur les rives le retrait des eaux ; heureux le *transportrider*, qui s'obstine nonobstant à passer, s'il ne perd pas du même coup sa voiture et ses bêtes ! Pour la malle, obligée, elle aussi, d'interrompre sa marche, elle transborde du moins ses dépêches en faisant filer d'une berge à l'autre, au moyen de chaînes, les sacs de cuir qui les contiennent.

Aucune de ces rivières sud-africaines ne peut servir de voie commerciale. Encaissées presque toutes de talus déchiquetés et tortueux, elles ne sont que d'impétueux canaux de drainage où aboutit avec une vitesse déplorable, par de nombreuses rigoles naturelles que l'on appelle *sloots*, toute la masse aqueuse dont le ciel austral gratifie si libéralement la contrée. Le majestueux fleuve Orange lui-même, qui traverse d'est en ouest l'Afrique sud, n'est pas navigable; des cataractes et des rapides obstruent plusieurs parties

ANIMAUX DE L'AFRIQUE AUSTRALE.

de son cours qui, par surcroît, vers son embouchure, se perd pour ainsi dire dans le sable.

Nulle vie n'anime cette superbe artère; il n'y a pas longtemps encore, l'unique moyen de communication entre les deux rives consistait en une couple de bacs établis à Hopetown et à Béthulie. Bien que d'un sou seulement par cheval ou par bœuf, le péage rapportait de grosses sommes, tant le transit, en ces deux endroits, était important. Le mal était que, de temps à autre, la force des flots emportait l'un des bacs, de sorte qu'on s'est décidé depuis lors à doter la rivière de trois ou quatre passerelles de fer qui facilitent d'autant les relations des États riverains.

Quant aux autres cours d'eau du pays, les voitures les traversent simplement à gué; seulement, ce n'est pas tout que de franchir le fond de la dépression, il s'agit ensuite de faire remonter aux pesants véhicules la rive opposée, laquelle parfois décrit avec le lit du torrent un angle de 45 degrés. Les charretiers alors s'assistent naturellement du prêt de leurs attelages, si bien que souvent on voit 40 ou 50 bœufs hâlant un seul et même wagon; les dix ou douze premiers ruminants sont déjà au haut de la berge que les autres sont encore en bas, suant et soufflant pour dégager, aux gestes et aux coups de fouet forcenés des conducteurs criant à tue-tête, les épaisses roues envasées dans plusieurs pieds de limon.

Ces chariots ont besoin d'être solidement construits pour résister à tant de chocs et d'épreuves ; ils sont effectivement faits du bois le plus résistant de ces contrées, celui que fournit un sterculier qu'on appelle *stinkwood*, et leur élasticité égale leur force de résistance.

Ce sont les bœufs qui sont, je l'ai dit, les animaux de trait par excellence depuis le Cap jusqu'au Limpopo, et l'on ne saurait croire quelle est l'importance de leur rôle social dans ces parages de l'Afrique sud. Ces superbes ruminants à tête noire doivent leur aspect caractéristique à leurs gigantesques cornes; longues parfois de plus d'un mètre et arquées de côté ; les bœufs zoulous, plus petits de taille et doués d'une grâce toute particulière, ont seuls les cornes recourbées en avant.

Les Cafres, non contents de les atteler, s'en servent en outre comme de bêtes de selle ; ils leur passent un anneau dans le nez, et toute la famille, femme et enfants, leur monte sur le dos ; on assure même qu'ils les dressent à la course et se livrent avec eux à des steeple-chase effrénés.

Le Boer, si avare pourtant, ne regarde jamais à la dépense lorsqu'il s'agit de se procurer un bœuf de telle ou telle taille, à la robe de telle ou telle nuance, propre enfin à compléter ce qu'il appelle un attelage *fancy* ; et de même que le nomade du Nord connaît tous ses chameaux par le menu, l'Africain du sud, dès qu'il a de nouvelles bêtes, a vite fait de se familiariser avec l'humeur et les aptitudes de chacune ; il sait laquelle il convient de mettre en tête, laquelle au contraire doit aller en queue, et dans quel ordre précis il les faut placer. Les toucheurs zoulous particulièrement déploient une entente merveilleuse à ce point de vue. Chaque bœuf, bien entendu, a son nom, lequel est toujours noble et relevé. Si les bêtes tombent malades en chemin, leur maître s'arrête, plusieurs jours au besoin, afin de les soigner ; à la moindre crainte d'épizootie, on leur lave, chaque matin, le dos avec de l'eau-de-vie et on leur enduit le cou de goudron.

Une d'elles vient-elle à se perdre ou à être volée, on envoie tout de suite son signalement aux journaux de la localité la plus proche, et Dieu sait avec quel luxe de détails. Chaque partie du corps, pieds, cornes, oreilles, queue, est dépeinte d'une façon minutieuse d'après ses plus petites particularités, et avec des expressions techniques et traditionnelles qui, pour un profane, seraient lettre morte.

Il existe d'ailleurs dans le pays des enclos, appelés *Pounds*, où tous les animaux domestiques, y compris les chèvres, rencontrés en état de vagabondage, sont enfermés et nourris aux frais de l'Etat, à charge d'un droit à payer ensuite par les gens à qui ils appartiennent ; ceux qui, au bout d'un mois ou plus, n'ont pas été réclamés, sont vendus publiquement aux enchères pour le compte du fisc. Les préposés de ces kraals de refuge, lesquels sont de véritables fermes, sont tenus d'annoncer la vente dans la feuille d'avis officielle, en donnant la description bien exacte de chacun de leurs pensionnaires.

On sait qu'à la différence du cheval, le bœuf, lui, se montre content, pourvu qu'il trouve de l'herbe et de l'eau ; de là, encore une fois, l'avantage du mode de locomotion. L'essentiel, dans ces parages de l'Afrique australe, est de garantir la gent cornue de la maladie que l'on nomme « l'eau rouge » (*redwater*), maladie mortelle et que personne n'a trouvé jusqu'alors les moyens de combattre. Cette affection n'est pas endémique sur les plateaux de l'Etat-libre, du Transvaal et de l'Ouest-Griqualand ; mais elle peut y être apportée des districts maritimes, notamment de Natal et du Zoulouland par les attelages des *transportriders* venant du midi.

A part quelques individus extraordinairement forts, que l'on qualifie de *bœufs salés* (*salted oxen*), et qui se paient des prix très élevés, les bêtes d'en haut, sitôt qu'elles descendent de neuf cents ou mille mètres, attrapent presque infailliblement ce mal, dû sans doute au changement de pâtis. Aussi les chariots qui se rendent sur le versant sud des montagnes dételēnotes

WAGON DU CAP.

lent-ils d'ordinaire un peu en deçà du Drakensberg, pour prendre des animaux de la côte, habitués aux herbes du bas pays ; par contre, les wagons qui cheminent en sens inverse troquent, au sortir du col d'accès, leurs bœufs de plaine contre des sujets de la région boer ; c'est communément à la bourgade frontière d'Harrysmith que se fait cet échange.

En attendant la création d'un chemin de fer entre Bloemfontein et Durban, travail d'art difficile et coûteux, vu la différence des niveaux (1600 mètres environ) et la nécessité de franchir, à force de tunnels, de paliers et de viaducs, les seuils abrupts du Drakensberg, le service accéléré des dépêches entre l'Etat-libre et Natal se fait en trois jours et demi, par le moyen de carrioles postales à deux roues, où une place coûte fort cher et qui ne peuvent recevoir que deux voyageurs. Sur les routes assez fréquentées, ces sortes de véhicules, sans être jamais confortables, ont du moins une couverture et des sièges rembourrés ; mais partout ailleurs ce ne sont que de simples charrettes informes où les passagers endurent le martyre.

Les quatre chevaux de l'attelage, qu'on relaie de deux en deux heures, vont à une vitesse vertigineuse, galopant nuit et jour, presque sans arrêt, par les chemins les plus effroyables. Ces malles desservent également le Transvaal et se raccordent avec la poste betjouana à Schochong. Dans les districts tout à fait excentriques, tels que le Marico ouest, le service des dépêches est laissé à la direction des missionnaires régionaux qui, chaque semaine, font partir à pied dans diverses directions des indigènes porteurs des lettres et n'ayant pour tout équipement que leur sac, un épieu et quelques zagaies.

Dans l'Etat-libre comme dans le Transvaal, les conducteurs de diligence ou de malle, presque toujours des hommes de couleur, passent pour être étonnamment probes ; il est vrai que, sauf un ban d'aventuriers vomis au début par les deux mondes sur les districts miniers de la région, et qui n'y ont pas réussi autant qu'ils l'avaient espéré, la population prise dans son ensemble est elle-même d'une honnêteté

ZOULOUS.

remarquable. On se plaît à citer, entre autres, les traits que voici.

Une dame qui revenait du Griqualand oublia dans un hôtel de Boshof, où les voyageurs de la diligence s'arrêtent pour coucher, un sac contenant une dizaine de mille francs en bijoux. Elle ne s'en aperçut qu'assez loin sur la route, et comme la voiture ne pouvait, tout exprès pour elle, retourner en arrière, son unique ressource fut d'écrire de Bloemfontein à l'aubergiste de Boshof qu'on lui renvoyât à Durban le précieux sac, demeuré sous un oreiller dans une chambre : c'était une attente de six jours pleins. A l'arrivée de la malle suivante, la dame se hâta d'aller au bureau réclamer son bien ; on lui répondit qu'on n'avait rien reçu ; toutefois un des employés eut l'idée d'aller jeter un regard dans la carriole descendue en dernier lieu des montagnes, et qui était encore sous la remise. Là, par terre dans un coin, il découvrit un paquet dont l'enveloppe de papier maculée avait été, pendant tout le trajet, piétinée par les voyageurs de la malle ; l'adresse en était devenue illisible ; c'était justement le sac en question, tout grand ouvert par dessus le marché : il n'y manquait pas un bijou.

Un autre jour, un gros fermier, partant d'Harrysmith avec une somme d'environ cent mille francs, plaça cet argent dans deux poches de cuir sur la croupe de son cheval ; mais la bête, qui sortait d'un long séjour au pâtis, refusa de se laisser enfourcher ; à chaque tentative, elle répondait par des bonds et des ruades forcenés. Bref, elle finit par s'emporter, avant que l'homme ne se fût mis en selle, et détala avec les sacoches vers l'horizon lointain des prairies.

Le fermier, fort perplexe, envoya aussitôt du monde à sa recherche ; mais il fut impossible de la retrouver, et l'on dut se contenter d'informer de l'aventure toute la population indigène du district. A trois jours de là, on vit arriver à Harrysmith quelques Cafres bassoutos qui, ayant découvert l'animal en train de s'abreuver à un étang, avaient réussi à l'appréhender ; ils le ramenaient avec les deux poches arrimées comme au départ sur son dos : les cent mille francs y étaient intacts.

PORT NATAL.

On raconte aussi que, dans les premiers temps du service postal entre Kimberley et Hopetown, le courrier, sans doute par suite d'un cahot violent, eut le malheur de perdre son sac de dépêches, où il y avait pour un demi-million de diamants; un Boer, qui le trouva le lendemain, le rapporta, comme il eût pu faire d'un simple sac de pommes de terre, au bureau le plus voisin.

Il y a mieux encore : Un voyageur, allant de Harrysmith à Natal, voulut, à l'entrée des montagnes, s'arrêter quelques heures dans une hôtellerie située sur la rampe. Du seuil, il vit que le logis était morne et désert; en regardant par le vitrage de la porte, il aperçut dans la salle à manger une longue table toute garnie d'assiettes, de bouteilles et de couverts; mais, personne céans. L'hôtelier, obligé de s'absenter pour quelques mois, avait tout bonnement planté là sa maison avec tout ce qu'elle renfermait, sans la clore autrement que par un verrou de bois, comptant bien retrouver à son retour tous ses meubles et ses ustensiles, demeurés ainsi à la vue des passants, dans le même état et à la même place.

Pour en revenir, il n'y a, en somme, que les gens pressés ou qui ne possèdent pas de chariot et d'attelage qui usent des célérifères régionaux. Le Boer, quand par hasard il voyage, ce qui lui arrive deux ou trois fois l'an, lors de ces réunions périodiques d'affaires autant que de piété, où se rendent les fermiers de tout un district, se sert exclusivement de son wagon, dans lequel s'empile la famille entière, y compris les domestiques du logis. L'Européen suffisamment riche et désireux de cheminer à l'aise, à petites journées, dans ces curieuses contrées australes, ne manque pas non plus d'adopter ce genre si commode de locomotion.

Un artiste allemand, M. Mahler, s'est donné tout récemment le plaisir de faire ainsi, depuis la côte sud jusqu'à Prétoria, une série de promenades fantaisistes avec un attelage de sept paires de bœufs traînant une sorte de maison roulante où il s'était aménagé un atelier de photographie au complet. Le docteur Holub, le savant naturaliste de Prague, qui était allé étudier sur place la faune et la flore de l'Afrique du sud, a longtemps voyagé de la même manière, avec quelques Cafres et un grand fourgon. Je pourrais également nommer un Suisse des Grisons qui, après avoir, trois années durant, fouillé la veine diamantifère de New-Rush, aujourd'hui Kimberley, s'était fait construire un wagon de luxe, du prix de 2,800 francs, si confortable et si bien suspendu, que c'était une des merveilles du genre. Il y avait mis un lit excellent, des coussins, des housses de toute sorte, une toilette-lavabo, des armoires, une bibliothèque. Cette installation admirable le dispensait de descendre en route, soit chez les Boers, soit dans les mauvaises auberges du pays. La nuit, il couchait dans son palais ambulant ; le jour, il dînait dehors à une petite table dressée sur l'herbe, avec le ciel bleu au dessus de sa tête. En fait de vivres, rien ne lui manquait, pas même le thé, les boissons fines et les friandises de dessert ; il n'y avait que le lait, le beurre et le pain qu'il devait, au passage, acheter dans les fermes.

VII

Maintenant, si de ces hautes plaines du Vaal et de l'Orange, nous franchissons le col de Beers pour descendre sur les terrasses de Natal, le paysage change du tout au tout. Arrivés au point culminant de la passe, nous voyons se dérouler à nos pieds un écheveau touffu de monts et de vallées, avec de superbes prairies semées de fleurs et des cascades aux chutes argentées. Le chemin en lacet serpente à l'ombre de beaux conifères, qui ressemblent aux pins-parasols d'Italie, et à l'âpre vent des plateaux d'amont succèdent tout à coup des souffles tièdes. Dès la seconde étape, des eucalyptus aux fortes senteurs apparaissent sur les pentes, et quoiqu'il y ait quarante ans à peine que cette essence aux vertus purifiantes a été importée au pays de Natal, elle y pousse déjà des troncs gigantesques.

A mesure enfin qu'on se rapproche de la côte, la végétation ne cesse de devenir plus variée et plus riche ; à la canne à sucre, aux plantations de coton et de café, aux épices de l'Inde se marient les chênes du nord, le blé d'Allemagne, les arbres de Norvège. Les kraals zoulous accrochent de toutes parts aux revers des collines leurs pittoresques huttes de branchages. On atteint Piétermaritzburg, et là on trouve les orangers et les citronniers mêlés aux saules et aux syringas. Jusqu'à Port-Natal cependant, autrement dit cette cité de Durban que, pour la splendeur de son site, on compare volontiers à Lisbonne et à Naples, il faut encore fournir une descente de plus de 600 mètres : c'est la dernière étape du wagon venu des hautes brandes.

Ajoutons, pour finir, que d'autres chemins conduisent du Transvaal et de ses mines d'or de Leydenbourg à la baie Delagoa, plus à l'est ; mais ceux-là ne sont guère fréquentés que par des caravanes de

CAFRES PORTEURS.

porteurs. Ni bœufs, ni chevaux, ni mules ne peuvent se risquer dans les bas parages spécialement infestés par la mouche tsétsé, laquelle pullule jusqu'aux monts Lebombo; les ânes seuls résistent d'ordinaire à la piqûre du redoutable insecte. On a voulu essayer du chameau ; la tentative n'a pas réussi.

MOUCHE TSÉ-TSÉ.

Un chemin de fer seul assurera d'une manière suivie les communications entre cette fraction de la côte africaine et la république boer du Transvaal. Ce n'est pas la houille qui fait défaut; le pays entre Prétoria et la mer n'est qu'un immense bassin de charbonnages, et les rails peuvent être forgés sur place. De la baie Delagoa à la capitale du pays transvalien, il n'y a guère qu'une centaine de lieues. Dans l'Afrique du nord peut-être ce serait un abîme; dans l'Afrique du sud, qui a eu la chance de ne pas être infectée par l'Islam, cela ne représente qu'une simple enjambée. Aussi travaille-t-on activement à établir la voie de jonction. Seulement ici, comme sur tout le reste de la côte australe, c'est à des coolies que l'on a recours pour cette grande œuvre civilisatrice. Ni le Cafre ni le Hottentot ne sont propres à ce genre de besogne. Ils coûtent trop cher, s'adonnent à l'alcool, et l'on ne trouverait pas d'ailleurs parmi eux la quantité de bras nécessaires. Le Chinois, au contraire, est la tempérance, l'activité même; avec lui on peut marcher à coup sûr. Ne sont-ce pas les Célestes qui ont fait la plupart des chemins de fer, des canaux et des routes en Californie? Pour surcroît, l'empire du Milieu, surpeuplé comme pas une terre sous le soleil, tient toujours d'immenses bans d'ouvriers à la disposition de qui les appelle. On le voit, l'homme « jaune », lui aussi, a un rôle à jouer, — et qui n'est pas le pire, — au pays des Noirs.

CHAPITRE VI

LA TRAITE DES NOIRS EN AFRIQUE. — CARAVANES D'ES-
CLAVES. — LES ZÉRIBAS. — LES NÉGRIERS DE LA COTE
ORIENTALE. — LA FRANCE AU CONGO. — CONCLUSION.

I

La traite noire, dont j'ai déjà touché quelques mots s'exerce en Afrique sur un espace aussi grand que l'Europe entière, et comprend trois territoires de chasse géographiquement distincts.

C'est d'abord, à l'occident et au centre, le Soudan proprement dit, dont le gros marché se trouve à Kouka. Tous les voyageurs qui ont visité cette capitale du Bornou ont pu voir devant la porte de l'Ouest, entassée dans de grands baraquements, à l'abri du soleil et de la pluie, la marchandise débitée par les maquignons de chair humaine. Il y a là des sujets de tout âge, de tout prix et de toute provenance (1), enfants en bas âge arrachés à leurs mères avant même qu'ils n'aient pu s'en graver les traits dans l'esprit ; vieillards fatigués de la vie, vieilles à la peau tannée et au corps osseux, abruties par l'excès de travail et de misère ; puis, à côté de ces articles de rebut, de fraîches et florissantes

(1) *Kindji* est le nom de l'esclave en général ; *kalia*, celui de l'esclave mâle, et *kir* celui de l'esclave femelle.

jeunes filles, à la chevelure coquettement arrangée et aux yeux brillant, malgré tout, d'espérance.

La catégorie d'esclaves la plus demandée c'est le *Sédâsi*, individu mâle ayant de douze à quinze ans d'âge et mesurant six empans (1ᵐ 26 cent.), de la cheville du pied à la pointe de l'oreille. Son prix détermine

MARCHANDS D'ESCLAVES.

tout le cours de la marchandise. Un trafiquant étranger qui veut se renseigner à ce sujet n'a qu'à demander : combien le *Sédâsi?* et, de la réponse, il déduit aussitôt toute l'échelle des tarifs.

La classe d'après est celle des *Chomâsija* (pluriel de *Chomâsi*), sujets de l'un ou l'autre sexe hauts de cinq empans et âgés de dix à treize ans, qui sont déjà en état d'affronter un changement de climat et de se faire à un nouveau train de vie. Viennent ensuite, toujours au point de vue de la valeur vénale, les *Sebaïs*, jeunes gens de quinze à vingt ans (sept empans de taille), plus faciles encore à acclimater, mais moins aisément éducables, et plus portés à s'enfuir quand leur servitude ne date pas de longtemps. Cette même tendance à la désertion déprécie sensiblement sur le marché les hommes faits (*Gourzem*), à moins que, par leurs précédents, ils ne fournissent des gages très sérieux ou que l'achat n'en constitue une affaire tout exceptionnelle. Il va de soi que les vieillards sont fort peu courus, les mâles surtout, car les femelles (*schômalija*) offrent au moins l'avantage de pouvoir être utilisées aux travaux domestiques. Quant aux jeunes filles, celles qui se vendent le plus cher, ce sont les sujets nubiles (*serrâri* pluriel de *surrija*), susceptibles d'appropriations toutes spéciales aux pays où le Coran fait loi. Leur prix, très variable, dépend non seulement de leur beauté, mais encore du goût et du caprice des chalands.

Parmi toute la gent esclave, ce sont elles qui ont, d'ordinaire, le lot le meilleur; elles peuvent s'élever au rang de maîtresses de maison, et, pour peu qu'elles aient des enfants, rarement elles se voient revendues (1).

Il y a aussi les eunuques (*adim*), cotés à des prix souvent énormes, car c'est une marchandise fort recherchée des pourvoyeurs du monde de l'Islam, tant en Afrique même, qu'en Europe et en Asie. La plupart de ceux qui s'achètent à Kouka proviennent, soit du pays même, soit des diverses régions limitrophes, et spécialement du Baguirmi. Ce sont les barbiers (*ouan-*

---

(1) Un *sedâsi* coûte généralement, à Kouka, 100 ou 125 francs; un *gourzem*, 80 francs; une *surrija*, de 250 à 500 francs.

zamma), qui ont charge de leur imprimer, avec leur rasoir, la marque exigée dans le commerce.

Deux autres catégories d'esclaves fort prisées, ce sont d'abord les sourdes-muettes, que les gros bonnets des divers grands Etats de l'Islam recherchent tout particulièrement, pour servir de domestiques à leurs femmes; puis les nains (*ouada*), recrues de cour, qu'on dresse d'ordinaire à remplir l'office de bouffons auprès des princes mahométans.

De Kouka, les caravanes d'*Ousfan* (pluriel d'*Ousif*, nègre) sont dirigées, par l'intermédiaire de marchands arabes, à travers plus de cinq cents lieues de désert, vers la capitale du Fezzan. A Mourzouk (le fait est attesté par les derniers voyageurs en Afrique), les fonctionnaires turcs, qui reçoivent du marchand une gratification de dix francs par tête d'esclave, — ce qui représente un joli casuel au bout de l'année — introduisent de nuit les caravanes dans la ville, et de là les envoient à l'est sur le Caire.

C'est encore six cents lieues de trajet par la zone brûlante du Sahara; nombre de sujets succombent en chemin; mais ce qui arrive vivant en Egypte y acquiert un prix si élevé que les pertes sont amplement compensées.

Autrefois, une partie des convois s'en allaient à Tunis; le débouché est aujourd'hui clos, et probablement pour ne plus se rouvrir. Il est vrai que, naguère encore, les grands personnages de cette dernière ville qui désiraient se procurer un personnel noir de domestiques, de femmes ou d'eunuques, n'avaient, en y mettant le prix, qu'à faire leur commande en Tripolitaine.

Ce n'est pas qu'à Tripoli même la traite ne soit

également défendue ; mais, en dépit des interdictions, il continue néanmoins de s'y faire un commerce clandestin de la marchandise prohibée ; seulement les caravanes du Soudan, au lieu de pénétrer dans la ville, s'arrêtent aux jardins de la Meschija, et là, dans l'oasis même, les Arabes se défont en détail de leur contingent.

Il est juste d'ajouter que souvent, pour les pauvres captifs qui ont eu à fournir de si dures étapes du midi au nord, c'est la fin de bien des misères. Traités fort humainement en somme, si toutefois le mot d'humanité peut intervenir en pareille matière, ils se voient pourvus d'une lettre de franchise (*atâka*), et, au bout d'un temps assez court, se trouvent à peu près sur le pied de l'affranchi de l'ancienne Rome vis-à-vis de son maître, libre de se marier, s'il lui plaît, et même d'avoir logis au dehors.

Chaque année, il y a ce qu'on appelle la « grande caravane » pour Mourzouk, composée à elle seule de quatre mille esclaves environ, et qui suit l'itinéraire décrit au chapitre précédent. Rohlfs appelle ce chemin la « route des ossements », et il ajoute qu'un homme qui ne connaîtrait pas la voie du Bornou au Fezzan pourrait la retrouver rien qu'aux squelettes qui en jalonnent les côtés.

C'est, en effet, un horrible voyage que celui de ces malheureux nègres flagellés sans relâche par le fouet ou le bâton de leur implacable toucheur. Le docteur Nachtigal, qui est revenu des pays païens situés au sud du Baguirmi en compagnie d'une caravane d'esclaves, a consigné dans sa relation des détails faits pour donner le frisson.

Des razzias successives avaient empli le camp d'une

quantité toujours croissante de *Kindi*, qu'il fallait

CARAVANE D'ESCLAVES.

coûte que coûte nourrir, et dont la valeur marchande baissait au fur et à mesure que leur nombre augmentait, de sorte que même les jeunes filles nubiles se donnaient, à l'occasion, pour la moitié du tarif normal sur la place de Kouka, et des garçonnets de six ou huit ans pour une simple chemise du pays (*tobé*).

L'insuffisance de vivres, jointe à l'humidité du sol (c'était dans la saison des pluies estivales) causait parmi eux des maladies meurtrières, et comme on n'enterrait pas les cadavres, l'air aux environs était empesté. Des semaines durant, on ne donna pour toute nourriture à ces infortunés qu'un peu de bouillie. En atteignant le fleuve Chari, un certain nombre d'entre eux se laissèrent choir à bout de forces. Ni coups de gourdin, ni coups de fouet (un fouet en lanière de peau d'hippopotame), ne purent les remettre sur pied ; force était de les abandonner. Le docteur s'en réjouissait presque, à l'idée que, de cette façon, il resterait peut-être à ces pauvrets une chance d'en revenir, tandis qu'en continuant de marcher, ils étaient assurés de succomber. Mais il fut bientôt détrompé.

Comme il faisait part de sa réflexion à son domestique marocain, celui-ci se mit à rire, et lui dit que les traînards en question allaient être incontinent tués sur place, pour servir d'exemple à ceux de leurs camarades qui seraient tentés de se laisser aller aux mêmes défaillances.

Effectivement, un des Bornouans de l'escorte, à qui appartenaient les sujets fourbus, — ce n'était point du tout un méchant homme — s'attarda sans affectation sur les derrières de la colonne, et là, tirant tranquillement son couteau, il trancha la gorge aux infortunés, ainsi qu'il eût pu faire à des poules. Après quoi, il rejoignit le reste de la caravane, et, tout en essuyant son arme ensanglantée, il dit d'un ton tout mélancolique à ses compagnons, que « c'était vraiment une chose lamentable qu'avec ces misérables païens, qui semblaient se faire un malin plaisir de vous glisser en route dans la main, on fût exposé à tant de pertes sèches ! »

Dans le désert, on ne prend pas la peine d'immoler les individus qui tombent sans pouvoir se relever ; on se borne à les laisser agoniser lentement, sous les rayons torrides du soleil, en proie à toutes les tortures de la faim et de la soif. Parfois un de ces malheureux, en ramassant ses dernières forces, parvient à se traîner jusqu'à la fontaine la plus proche ; mais parfois aussi cette fontaine n'a plus d'eau, et le pauvret retombe, désespéré, aux bras de la mort. C'est pourquoi, près de mainte aiguade, outre des squelettes de chameaux, on rencontre, à demi enfouis dans le sable, des cadavres momifiés d'enfants, auxquels adhèrent encore des lambeaux de cotonnade : ce sont autant de négrillons, épaves d'une caravane de passage, qui ont succombé là aux coups reçus et aux longues souffrances de leur marche forcée.

Il va de soi que, dans la colonne, pour peu que la surveillance se relâche, les désertions se multiplient, au fur et à mesure que l'on s'éloigne des régions où s'est accomplie la razzia. Le *kindji* qui médite de s'enfuir a un art incroyable pour dissimuler. Souvent même, pour cacher son dessein et mieux détourner les soupçons du maître, il affecte de rire et de chanter.

Ce qu'il chante, demandons le au voyageur anglais Richardson ; voici, extrait de son *journal,* un détail éloquent dans sa brièveté :

« Sebah, oasis du Fezzan, 10 mars 1846.

« Ce soir, les esclaves, les femmes surtout, se sont mis à chanter avec un entrain inaccoutumé. J'ai eu la curiosité de demander à mon serviteur Saïd ce qu'ils disaient en leur langue kanouri. « Parbleu, me ré-
« pondit-il, ils s'adressent au Très-Haut. — Mais
« encore? Explique-toi plus clairement. — Eh bien,
« ils prient Dieu de leur délivrer leur lettre de fran-
« chise (*Atka*). — Est-ce tout? — Non, ils disent encore:
« Où allons-nous? Le monde est grand. O Dieu, Dieu,
« où allons-nous? — Et puis? — Et puis, ils parlent
« de leur patrie, le Bornou ; ils disent que c'est un beau
« pays, où abondent toutes les douceurs de la vie;
« mais que cette contrée où nous sommes est horrible,
« et ils se lamentent sur leur infortune. — N'ajoutent-
« ils rien de plus? — Non, ils répètent toujours la
« même chose, et, à chaque reprise, ils supplient le ciel
« de leur donner leur *atka* et de faire qu'ils revoient
« le doux pays du Bornou. »

Ceux qui s'échappent — il y a en a bien peu — pendant la traversée du désert, sont à peu près sûrs de périr d'inanition et d'épuisement ; en revanche, dans les riches et populeux districts du midi, les bonnes occasions de s'évader ne sont point rares. Les chefs de caravane n'ont pas toujours l'attirail de chaînes suffisant pour garrotter en une seule file la colonne entière ; ils y suppléent à l'aide de cordes, qui, aux haltes, relient les pieds de chaque esclave à ceux du voisin ; mais ces entraves se coupent ou se brûlent aisément, et, la nuit surtout, les captifs guettent l'instant propice.

Un nègre, qui a réussi à s'éloigner inaperçu, ne

s'aventure jamais bien loin; il pénètre dans la première hutte venue et s'y cache. Le maître du logis, loin de le chasser d'ordinaire, l'aide plutôt à se soustraire aux recherches, ne fût-ce que dans l'espoir de garder, après le départ de la caravane, l'esclave que le ciel lui a envoyé.

Au matin, lors de l'appel, on s'aperçoit de l'absence du fugitif; l'évasion a-t-elle eu lieu en pleine campagne, on procède, si l'on peut, à une battue immédiate, au moyen de chiens, quand on en possède. Le fait, au contraire, s'est-il passé dans une ville ou dans une bourgade musulmane, on a recours à une sorte d'enquête. Un fonctionnaire public s'en va, le Coran à la main, d'une maison à l'autre, faire jurer à chaque habitant sur le livre sacré que l'esclave perdu ne se trouve pas chez lui, et qu'il ignore l'endroit de sa retraite. Le gouverneur même a beau s'en mêler, il est rare qu'on parvienne à remettre la main sur le déserteur.

DINKA.

Dans les régions dont je parle, les pourvoyeurs des marchands d'esclaves sont les chefs indigènes eux-mêmes, dont ce trafic constitue la source de revenu principale. Etant mahométans de religion, ils ne se font nul scrupule d'exécuter sur les peuplades païennes du Soudan de gigantesques razzias de femmes et d'enfants. Tous les ans, à plusieurs reprises, ils organisent de grandes chasses, où, soldats et officiers, tout le monde a sa part du butin. Des territoires entiers sont, chaque fois, ravagés, brûlés, dépeuplés; tous les villages traversés par la horde sont rasés, tous les habitants tués ou pris. Se sauvent-ils au cœur des forêts sur l'énorme branchage de ces hauts troncs qui sont autant de forteresses naturelles, les assaillants les traquent sans merci jusque dans leurs refuges aériens. Les victimes pantelantes sont arrachées du fourré pris d'assaut; les vainqueurs se disputent les captifs, tirant par les bras et les jambes de tout petits enfants à demi-morts, et se battant à qui aura les jeunes filles et les femmes. Quant aux hommes faits, ils n'ont, je l'ai dit, comme esclaves, qu'une valeur médiocre, à cause de leurs éternelles tendances à s'enfuir; aussi lorsqu'on attaque un village pour y faire une razzia de *kindji*, a-t-on soin d'ordinaire d'y égorger tous les mâles d'un certain âge.

II

Le second territoire de chasse à l'esclave, situé au cœur même de l'Afrique, embrasse la vallée du haut Nil, le pays des Chillouks, des Dinkas, des Djours, etc., c'est-à-dire toute cette région du Soudan égyptien où, derrière les hardis pionniers que l'on sait, se sont avancées en conquérantes les armées du khédive. Là, ce ne sont pas seulement les hommes de l'Islam qui exploitent les populations nègres ou négroïdes; aux Nubiens, aux Arabes et aux Turcs qui y ont établi leurs *zéribas* défendues par des bandes mercenaires, soutiens de leur trafic, se mêlent des Européens, opprobre de la civilisation, qui, sous le fallacieux prétexte de chasser l'éléphant, organisent également d'immenses razzias de noirs, dont une seule, en 1864, a rapporté aux entrepreneurs de la traite huit milliers de têtes crépues.

Du haut Nil, les esclaves sont amenés par eau à Khartoum, où les autorités égyptiennes subornées les admettent sans difficulté. Ce long voyage engendre toujours parmi les captifs enchaînés ensemble et parqués, ainsi que du bétail, dans d'étroites et malsaines embarcations, des épidémies de peste ou de variole qui les déciment d'une façon effroyable.

Chaque traitant se choisit son rayon d'opération, y installe un camp retranché et dirige de là ses attaques contre tel ou tel village nègre, procédant d'ordinaire par coups de main subits et nocturnes.

Samuel Baker évalue la quote-part de noirs obtenue par chacun des chefs d'expédition à 450 individus environ ; à ce chiffre il faut ajouter le butin dévolu à chaque guerrier de la colonne. Trente mille esclaves pour le moins sont ainsi expédiés annuellement à Khartoum. Reste le compte des victimes tuées au cours des diverses razzias ; on peut hardiment le porter au double et au triple.

De Khartoum, les captifs sont conduits au port turc de Massaouah sur la mer Rouge, d'où on les envoie dans les différentes régions de l'Arabie et de l'Egypte. Une grande partie du contingent féminin des convois va aux deux grandes foires annuelles de Tanta (Delta du Nil), où affluent, de tous les points du monde islamique, les pourvoyeurs chargés de la remonte des harems des pachas, des kaïmakans, et autres fils privilégiés du Prophète : le tout sous les yeux de la police égyptienne.

Le troisième centre géographique de la traite noire, et le plus important de beaucoup, c'est le grand plateau médian, entre les lacs équatoriaux et le Zambèse. Nulle part en Afrique la spéculation de chair humaine ne s'exerce avec plus de cynisme et de cruauté. Là encore, les maîtres du genre sont en majeure partie des Arabes, et la guerre entre l'aborigène et l'intrus sémite y revêt le caractère d'une lutte de races où, des deux côtés, s'inventent les plus atroces raffinements.

Les trafiquants ont encore ici pour alliés les innombrables principicules nègres qu'ils ont su gagner par l'intérêt, et qui guerroient sans cesse entre eux pour s'enlever le plus d'esclaves possible. Et ce qui contribue surtout à développer, dans ces vastes régions, la chasse à l'homme noir, c'est l'importation incessante de fusils qui s'y fait par les soins de marchands européens, dont la bourse s'emplit vite à ce négoce, et qui ont leur principal dépôt à Bagamoyo, en face de l'île de Zanzibar. La livraison des engins meurtriers s'opère, en échange d'ivoire et d'autres articles, par l'intermédiaire de courtiers arabes. Les chefs de l'intérieur qui réussissent à s'en procurer le plus, ont naturellement un grand avantage sur leurs voisins moins bien outillés, et leurs razzias n'en sont que plus fructueuses.

De ces progrès continus de l'armement chez des peuplades soigneusement maintenues par leurs princes dans un état d'hostilité réciproque résulte un régime d'extermination régulière qui condamne forcément la race à disparaître. Tel groupe ethnique s'éteindra peut-être avant que les savants aient eu le temps de le classer. Déjà, dans le pays des Bongos, primitivement très peuplé, on ne compte pas plus d'une vingtaine d'ha-

ESCLAVE EN FUITE.

bitants par lieue carrée. Entre l'Albert Nyanza et le Nyassa, sur un espace de douze ou quinze degrés de latitude, s'étend, je l'ai dit, une région d'une fertilité merveilleuse, que les premiers voyageurs ont dépeinte comme le jardin de l'Afrique; aujourd'hui, par suite de cette conscription féroce qui, d'un bout de l'année à l'autre, y ravit la fleur de la population mâle et femelle, la contrée est dans un état de misère affreuse. En 1851, Livinsgtone y trouva partout un telle image de bien-être joint à une si grande bienveillance d'humeur chez les indigènes, qu'il conçut le dessein d'y fonder une colonie britannique. Dix ans plus tard, quand il retourna dans ces mêmes districts, à peine put-il les reconnaître. La traite y avait pénétré entre temps. Les champs de blé, les vergers avaient disparu ; les villages étaient réduits en cendres, les habitants dispersés, capturés ou tués. Ce qui restait de population s'était refugié au sein des forêts les plus solitaires, dans les marécages et parmi les rochers, pour épier de là les malandrins de race blanche et tâcher de les assaillir nuitamment. Le sol était jonché de cadavres, les fleuves eux-mêmes en roulaient à leurs berges, et de place en place se voyaient, pendus aux arbres des forêts, des corps à demi rongés de femmes et de vieillards : c'étaient des esclaves qui, trop affaiblis pour suivre la marche de leur caravane, avaient été « branchés » sur place, pour que ce spectacle « rendît des jambes » à leurs compagnons.

C'est à partir de Kazeh (Tabora ou Ounyanyembé), à 80 lieues environ à l'est du Tanganika, par delà le massif de monts qui s'élève entre ces districts lacustres et le littoral du sultanat de Zanzibar, que la traite noire commence à s'accuser sous ses aspects monstrueux. Plus loin, à Oudjidji et en Ouganda, elle prend des proportions effroyables. Là se trouvent des espèces d'entrepôts, des *réserves* destinées à alimenter d'une manière suivie le marché international de la côte, et d'où l'on extrait au fur et à mesure le nombre de têtes requises pour le commerce de détail ou de gros. Les malheureux gardés dans ces magasins y demeurent accroupis ou couchés, dans un état d'hébètement physique et moral dont on ne saurait se faire une idée. Quelques-uns n'ont plus voix humaine, et le gémissement qui sort de leur bouche ressemble à un râle de fauve égorgé.

C'est des districts intérieurs (Manyémas), situés entre le cours supérieur du Congo (Loualaba) et le Tanganika, que proviennent généralement ces esclaves ; car les traitants ont étendu leur cercle d'affaires jusqu'à Nyangoué, et travaillent même à s'annexer les « districts de chasse » qui s'échelonnent le long du grand fleuve reconnu par Stanley. Chez les Manyémas, voici comment se passent les choses.

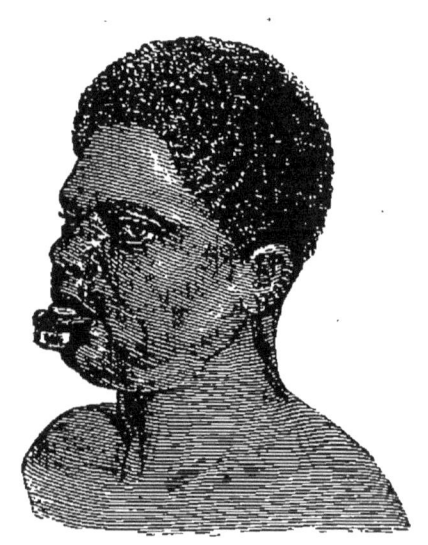

BONGO.

Tant que les exigences du négoce ne sont pas pressantes, les indigènes restent libres d'aller et de venir dans leurs hameaux, de cultiver le sol, de se distraire ou de se chamailler à leur guise. Mais, survient-il une commande importante, la scène change brusquement. Sur l'ordre des pourvoyeurs indigènes, autrement dit des chefs régionaux, des troupes d'hommes armés de fusils cernent un certain nombre de villages, se ruent sur les habitations, tuent tous les « porteurs d'épieu », c'est-à-dire les hommes faits qui résistent, les coupent par morceaux et accrochent aux arbres « pour l'exemple » leurs membres dilacérés ; après quoi ils s'emparent des femmes, des enfants, et, les poussant devant eux comme un simple bétail, ils les mènent de force jusqu'à la rive ouest du Tanganika, où des bateaux les prennent pour les transporter à Oudjidji.

Stanley, lors de son dernier voyage, rencontra, en abordant au port d'Ougouba, un convoi de 800 de ces malheureux, récemment capturés, qu'on embarquait ainsi sur le lac. Tous furent entassés pêle-mêle dans un canot qui menaçait de sombrer sous la charge et qui devait rester trois jours et trois nuits en route. Les mêmes faits se passent sur le lac Nyassa ; plus de 20.000 esclaves y sont annuellement transbordés d'une rive à l'autre pour le compte des négriers de Zanzibar.

D'Oudjidji, les vendeurs s'efforcent de gagner le plus vite possible la côte orientale d'Afrique, car les indigènes, on l'a vu, épient le passage des colonnes et s'efforcent de leur tendre des embuscades. Aussi, non contents de fourrer dans la bouche de leurs victimes un petit morceau de bois en guise de bridon, et de leur assujettir le cou dans une sorte de fourche, les conducteurs, pour surcroît de précaution, attachent-ils la file tout entière à une corde dont ils tiennent l'extrémité dans la main.

Arrivés au port, les survivants de la caravane sont jetés à fond de cale, et la cargaison s'en va aux divers pays de l'Islam (Turquie, Perse, Béloutchistan, etc.). Autrefois l'exportation de « bois d'ébène » allait jusqu'aux colonies d'Amérique ; mais depuis longtemps la surveillance exercée sur les mers par les vaisseaux de guerre anglais ne permet plus cette extension du trafic. La flotte britannique fait aussi tout ce qu'elle peut pour empêcher la traite sur la côte ; mais, du cap Guardafui à la baie Delagoa, il y a un tel développement de littoral que même une marine militaire quadruple de celle de la Grande-Bretagne ne suffirait pas à réfréner tous les actes de piraterie noire qu'y com-

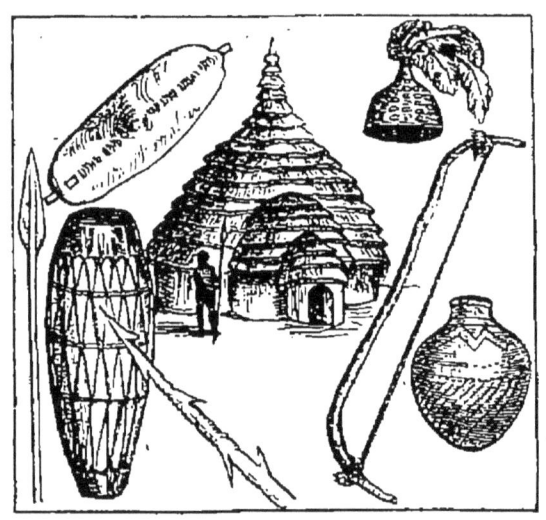

PRODUITS DE L'INDUSTRIE DES DINKAS.

mettent, sur un point ou sur un autre, les spéculateurs portugais et arabes.

Ces rivages orientaux de l'Afrique présentent, d'ailleurs, une infinité de baies et de sunds à fond bas, perdus dans des semis d'îlots, où les gros bâtiments ne peuvent naviguer ; la police, dans ces labyrinthes, ne pourrait se faire qu'au moyen d'un va et vient incessant de chaloupes armées, exigeant un personnel d'équipages presque fabuleux. Telle est du moins l'opinion exprimée par un capitaine de navire anglais, auquel

M. de Weber, l'un des hommes d'Europe qui conduisent le plus ardemment la croisade contre la traite noire, demandait de s'expliquer sur ce point.

Notez de plus que les négriers disposent d'innombrables espions qui les renseignent sans cesse d'une manière précise sur les endroits où se trouvent les divers croiseurs britanniques. Au premier signal, les dépôts côtiers sont vidés, et le personnel noir est dirigé à marches forcées sur un autre point du littoral momentanément libre de surveillance, ou bien embarqué dans de petits voiliers qui cinglent à toute vitesse, et gagnent, à la faveur de la nuit, une crique de l'île de Madagascar ou quelque port mahométan de l'Asie.

En cas de poursuite, on avise à se tirer d'embarras par tous les moyens. C'est ainsi qu'un capitaine de navire négrier avait imaginé, pour tromper les croiseurs anglais, qui pendaient haut et court tout porteur de bois d'ébène trouvé nanti de sa cargaison, l'ingénieux procédé que voici :

Chaque nègre était rivé par un collier de fer à une longue chaîne, qu'on pouvait à tout instant, au moyen d'une coulisse et d'un treuil, faire glisser dans l'eau par une soupape ménagée à fond de cale. Quand le péril devenait par trop grave, vite on laissait filer le câble avec les grappes humaines qui y adhéraient, et quand les Anglais arrivaient à bord, il n'y avait plus céans un seul noir.

On a constaté que le nombre des captifs transportés de l'intérieur de l'Afrique à la côte de Zanguebar, dans le courant de l'année 1874, s'était monté à cent mille têtes ; 75 pour 100 de ces malheureux étaient morts en route ; mais, comme le prix moyen des jeunes mâles survivants avait été de 25 à 50 dollars, et celui des jeunes filles de 40 à 70, l'opération était, malgré tout, demeurée très fructueuse.

III

On dit que, pour les riverains des hautes branches du Nil, tout homme blanc est un « Turc ». Le pauvre nègre, en somme, ne se trompe guère. Du jour où les visages pâles ont commencé d'envahir son domaine, sa condition, à tous les points de vue, n'a fait qu'empirer. Les iniquités dont on vient de retracer le sombre tableau, c'est l'Islam surtout qui en est responsable ; mais à sa suite a fondu sur l'Afrique une nuée de trafiquants et d'aventuriers échappés des divers points de l'Europe dont l'unique objectif a été également de mettre en coupe réglée tous les êtres vivants du continent noir.

Les bêtes, pas plus que les hommes, n'ont eu à se louer de l'apparition des intrus au teint clair et, pour ne citer ici qu'un exemple, que dire de ces chasses odieuses et stupides dirigées par les trafiquants d'ivoire contre ce noble fauve qu'on appelle l'éléphant ? Aux environs de Bloemfontein (Etat libre d'Orange), se trouve une ferme de Boer, où eut lieu un jour, — il n'y a de cela que quelques années, — en l'honneur d'un voyageur de haut rang, une tuerie demeurée fameuse dans toute l'Afrique australe, du Cap à la rivière Limpopo. De plusieurs centaines de milles à la ronde, une armée de nègres requise spécialement pour cette œuvre rabattit trois mille pièces de gibier (zèbres, antilopes, autruches, gazelles) dans un immense cerne ou enclos circulaire. Et les coutelas de jouer royalement, et les fusils importés d'Europe de démontrer leur puissance merveilleuse, à la grande joie dudit voyageur et de sa noble escorte. Aussi, les grands troupeaux de fauves reculent-ils au fur et à mesure que s'avance le colon. Encore, si loin qu'ils se sauvent, ne peuvent-ils se dérober aux traqueurs, dont le nombre se multiplie tous les jours. Sur cette terre d'Afrique, qui pourrait et qui devrait être la réserve de céréales de l'Europe, ce que l'homme apporte avant tout, c'est le perfectionnement des moyens de destruction.

Que recueillera finalement la race noire, si maniable, si docile en somme, de son contact avec ces deux représentants bien divers de l'espèce dite méditerranéenne, à savoir l'Arien et le Sémite ? Pour le Sémite, son œuvre est jugée, et c'est le grand malheur de l'Afrique, ou du moins de toute une moitié de l'Afrique, que d'avoir reçu de l'Orient islamique ses premières « leçons de civilisation. » Quant aux peuples de souche arienne (germaniques ou latins), leur rôle ne fait que commencer, et l'on peut se demander si, au fur et à mesure qu'elles envahiront le pays des noirs afin de s'y implanter à demeure, les races aborigènes inférieures ne seront point frappées d'un irrémédiable dépérissement ; s'il n'en sera pas, en un mot, de l'Afrique comme de l'Amérique et de l'Océanie où les populations primitives sont pour la plupart en voie d'extinction. Il y a là, dit-on, une sorte d'action nerveuse et morbide exercée par les races supérieures sur le cerveau des races inférieures. Devant cette civilisation incompréhensible et complexe que lui apporte et que lui impose le nouvel occupant, il se produit dans l'esprit de l'indigène un choc d'une intensité destructive. Où l'Européen n'est arrivé que graduellement et lentement, il se voit, lui, transporté d'un bond; de là une rupture violente avec tout un monde de croyances héréditaires, avec un régime et des habitudes intellectuelles ayant leurs racines profondes dans le passé, et conséquemment un état de

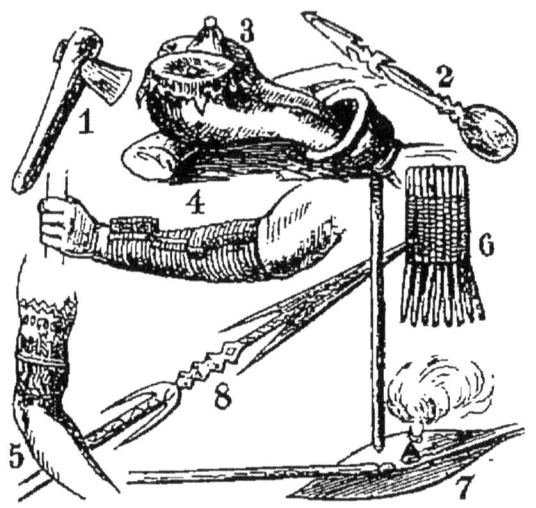

PRODUITS DE L'INDUSTRIE DES BONGOS.

1. Hache pour fendre du bois. — 2. Cuiller en corne. — 3. Soufflet formé de deux vases d'argile fermés avec de la peau et s'ouvrant dans un troisième.— 4. Bracelet de chef en anneaux de fer.— 5. Tatouage.— 6. Peigne en bambou. — 7. Briquet en bois d'anona. — 8. Pointe de lance.

malaise et d'égarement, une sorte d'abandon de soi-même, un ensemble de perturbations physiques et morales qui brisent ces frêles natures d'enfants, car le nègre sauvage est, ne l'oublions pas, avant tout, un enfant.

Aussi, les populations primitives ne prennent-elles d'une « culture » nouvelle que les côtés exclusivement extérieurs, théâtraux ou vicieux ; d'une religion ils ne saisissent également que le rite matériel, et c'est pourquoi, soit dit en passant, le mahométisme, qui n'exige aucun effort cérébral et se compose de pratiques excessivement simples, a fait tant de prosélytes en Afrique. Il s'est greffé sans nul effort sur le fétichisme propre à tous les peuples enfants, fétichisme tellement indéracinable en dehors de l'œuvre du temps et d'une série d'évolutions progressives, que le sauvage converti, qu'il soit chrétien ou musulman, continue, au fond, de garder intactes toutes ses superstitions antérieures. Le Cafre ou le Hottentot dit civilisé qui montre un empressement si puéril à s'affubler d'une casaque rouge de soldat anglais et à coiffer le chapeau tuyau de poêle ressemble à ces princes de l'Inde qui emprisonnent leurs orteils chargés de bagues dans des bottes vernies à l'européenne et se promènent par les rues de Calcutta dans des calèches à la daumont, la barbe teinte en rouge ou en vert.

IV

Maintenant, concluons en deux mots.

Trois nations d'Europe ont pris suffisamment pied en Afrique pour pouvoir influer d'une manière suivie sur le pays et ses habitants : ce sont la France, l'Angleterre et le Portugal. La première s'efforce de s'imposer en Algérie et en Tunisie aux débris de l'antique race berbère, comme, au Sénégal, au Gabon et sur le Congo, elle essaie d'entamer le monde noir. Dans cette dernière région spécialement, à côté de Henri Stanley, qui y est le fondé de pouvoirs de l'*Association internationale africaine*, présidée par le roi des Belges, M. de Brazza, investi, on le sait, d'une mission officielle, a déjà réussi, à cette heure, à conclure avec les chefs indigènes une série de traités qui, s'ils ne demeurent pas lettre morte, ou si nous ne nous manquons pas à nous-mêmes, peuvent nous ouvrir une belle voie de négoce dans le bassin du grand fleuve. Le malheur, c'est que notre pays,

ANIMAUX DU CAP : ZÈBRE ET ANTILOPES.

n'ayant point d'excédent de population, ne peut, au point de vue colonisateur, rien produire avec ses seules forces et semble réduit à tout attendre d'un concours toujours douteux d'éléments étrangers et hétérogènes.

L'Angleterre ne saurait non plus peupler de ses seuls émigrants les vastes régions qu'elle détient en Afrique ; ce qui ne l'empêche pas, ici comme dans l'Inde, d'agrandir progressivement son domaine et de viser à l'hégémonie exclusive. Ce n'est pas seulement dans le Soudan égyptien, échappé, semble-t-il, aux mains des Khédives, c'est encore dans la zone australe qu'elle pose les jalons de sa future grandeur. Là, obligée de compter avec les états boers du Transvaal et de l'Orange, elle s'en dédommage en préparant l'annexion du grand Namaqualand, de la Batlapinie, des Etats nègres de Séchelé et de Sékhomo. Une fois au Zambèse, elle ne manquerait pas de pousser jusqu'au sultanat de Zanzibar, de sorte que le drapeau britannique flotterait du Cap à la mer Rouge sur toute une moitié du continent sud (1).

Quant au Portugal, qui, par un traité tout récent (février 1881), vient de céder à l'Angleterre un fort sur la baie Delagoa, sa puissance coloniale est en décadence, et elle se déferait sans doute volontiers, moyennant finances, de certains districts sud-orientaux qui lui sont de peu d'utilité et autour desquels son autorité n'est que nominale. Il semble en revanche que sur le littoral ouest, dans l'Angola et le Benguéla, le gouvernement lusitanien redouble d'activité; construction de routes, desséchement de marais, plantation d'arbres, irrigations, rien ne manque au programme nouveau de colonisation; on a même recruté à Madère et dans les Açores une centaine de familles qu'on s'occupe d'installer sur les sites les

---

(1) La prolifique Allemagne a aussi ses visées sur l'officielle Afrique. Tout récemment même, elle a pris possession de divers points du littoral ouest, tant sur la côte des esclaves que dans la baie de Biafra et le Damaraland. Ce n'est encore qu'un tout petit commencement d'empire colonial; mais qui sait de quelle couvée l'œuf est gros?

plus sains de la côte. De plus, trois chemins de fer doivent être établis dans le Mozambique, pour relier l'intérieur du pays au rivage.

Malgré tout, le Portugal ne saurait désormais lutter en Afrique avec l'Angleterre : une seule chose pourrait arrêter les envahissements de la puissance britannique : ce serait la formation définitive d'une grande ligne boer comprenant toutes les populations néerlando-africaines qui, en présence du péril commun, sentent de plus en plus s'éveiller en soi un puissant instinct de solidarité, une sorte de sentiment de famille, et qui déjà s'appliquent elles-mêmes le nom collectif d'*Afrikanders*.

Qui sait si, de ce nouveau *bund*, il ne sortirait pas, à la longue, un groupe politique propre à constituer dans la zone sud du continent noir, depuis le Cap jusqu'au fleuve Limpopo, une espèce de pendant aux Etats-Unis de l'Amérique du Nord ?

FIN.

TABLE DES MATIÈRES

Chapitre Ier. Préliminaires historiques. — Les rivages de l'antique Lybie. — La conquête musulmane et la race primitive des Berbères   1

— II. Premières découvertes. — A la recherche des sources du Nil. — L'Afrique équatoriale. — Le cours du Congo. — Le plateau des lacs.   13

— III. Du Sahara algérien au cours du Niger. — Le Sénégal. — Le Soudan de l'Ouest et du Centre. — L'Afrique australe, du Cap au Zambèse.   51

— IV. Les populations de l'Afrique. — Nègres et négréides. — Race Négrétienne. — Les Cafres de l'Afrique australe. — L'élément Hottentot. — Les Baschimans. — Gamme de couleurs   87

— V. Des divers modes de locomotion dans l'Afrique du Nord et du Centre. — L'épopée du chameau. — Caravanes au désert. — A travers le steppe et la région des pluies estivales. Les nègres porteurs. — Façon de voyager dans la zone australe. . . .   135

— VI. La traite des noirs en Afrique. — Caravanes d'esclaves. — Les zéribas. — Les négriers de la côte orientale. — La France au Congo. — Conclusion.   204

FIN DE LA TABLE DES MATIÈRES.

Paris. — Imprimerie F. LEVÉ, rue Cassette, 17.

EXTRAIT
DU
CATALOGUE JOUVET ET CIE
5, rue Palatine, PARIS

Les ouvrages marqués d'un astérisque sont adoptés par le Ministère de l'Instruction publique comme pouvant être donnés en prix et placés dans les bibliothèques scolaires et populaires, et par la Ville de Paris comme pouvant être placés dans tous les établissements d'instruction et toutes les bibliothèques du département de la Seine.

---

* BIBLIOTHÈQUE INSTRUCTIVE

Collection de volumes in-16 illustrés. Brochés.................. 2 fr. 25
Cartonnés en toile rouge ou lavalière, avec plaques or, tranches dorées. 3 fr. 50

* LES COLONIES PERDUES
(Canada, Inde, Ile Maurice), par Ch. Canivet. 1 vol., 65 grav. sur bois.

* LES CHASSES DE L'ALGÉRIE
et notes sur les Arabes du Sud, par le Général Margueritte (3ᵉ édition). 1 vol. orné de 65 grav. sur bois.

* LES PLANTES QUI GUÉRISSENT ET LES PLANTES QUI TUENT
par O. de Rawton. 1 vol. illustré de 100 grav. sur bois.

* L'HÉROÏSME FRANÇAIS
par A. Lair. 1 vol. orné de 60 gravures sur bois.

* LE BOIRE ET LE MANGER
Histoire anecdotique des aliments, par Armand Dubarry. 1 vol., 126 grav.

* LE JAPON
par G. Depping, bibliothécaire à la bibliothèque Sainte-Geneviève. 1 vol. 47 grav. et une carte du Japon.

* L'ARCHITECTURE EN FRANCE
par G. Cerfberr de Médelsheim. 1 vol. orné de 126 grav.

* LES GÉNÉRAUX DE LA RÉPUBLIQUE
par A. Barbou, bibliothécaire à la bibliothèque Sainte-Geneviève. 1 vol. orné de 25 grav. sur bois.

* VOYAGE DE LA MISSION FLATTERS
Au pays des Touareg-Azdjers, par H. Brosselard, ancien membre de la mission d'exploration du chemin de fer Trans-Saharien. 1 vol. orné de 40 compositions d'après les croquis de l'auteur, et accompagné d'un itinéraire de la mission.

* LA GRANDE PÊCHE
(Les Poissons), par le Dʳ H. E. Sauvage, aide-naturaliste au Muséum d'histoire naturelle. 1 vol. orné de 87 grav.

* L'ÉGYPTE
par J. Hervé. 1 vol. orné de 87 grav. sur bois et accompagné de deux cartes.

* L'ART DE L'ÉCLAIRAGE
par Louis Figuier. 1 vol. orné de 114 grav.

* LES AÉROSTATS
par Louis Figuier. 1 vol. orné de 53 grav. sur bois.

CONTES ILLUSTRÉS

ÉDOUARD LABOULAYE
(DE L'INSTITUT)

Contes bleus. *Quatrième édition.* 1 beau volume in-8 raisin, illustré de 200 dessins par Yan' Dargent...................... 10 fr.

Nouveaux contes bleus. *Quatrième édition.* 1 beau volume in-8 raisin, illustré de 120 dessins par Yan' Dargent............. 10 fr.

Derniers contes bleus. Superbe vol. in-8 raisin illustré de 149 dessins dans le texte par H. Pille et H. Scott, et orné de 10 eaux-fortes hors texte dessinées par H. Pille et gravées par H. Manesse ainsi que d'un portrait de l'auteur gravé sur acier. Broché. 12 fr.

ÉLIE BERTHET

Les petits écoliers dans les cinq parties du monde. *Deuxième édition,* 1 vol. in-8 raisin, illustré de grandes compositions, par Émile Bayard, et de 83 vignettes dans le texte............. 7 fr.

Les petites écolières dans les cinq parties du monde (*ouvrage couronné par l'Académie française*). 1 magnifique vol. in-8 raisin, illustré de 104 vignettes sur bois........................ 7 fr.

Histoire fantastique du célèbre Pierrot, par Alfred Assollant. *Deuxième édition.* 1 beau vol. in-8 raisin, illustré de 100 dessins de Yan' Dargent.................................... 7 fr.

Nouveau cabinet des fées. Contes choisis, par L. Batissier. *Deuxième édition.* 1 beau vol. in-8 raisin, illustré de nombreuses vignettes sur bois............................... 10 fr.

Voyage au fond de la mer, par de la Blanchère. 1 beau vol. grand in-8 raisin, illustré de nombreuses vignettes placées dans le texte, et de 16 magnifiques gravures imprimées en couleur........ 10 fr.

HISTOIRE

ŒUVRES DE M. HENRI MARTIN

SÉNATEUR, MEMBRE DE L'ACADÉMIE FRANÇAISE

*Histoire de France depuis les temps les plus reculés jusqu'en 1789. 4ᵉ édition, suivie d'une table générale analytique et alphabétique. 17 vol. in-8 cav. avec le portrait de l'auteur........ 102 fr.

LE MÊME OUVRAGE, 17 vol. ornés de 52 grav. sur acier... 118 fr.

*Histoire de France depuis 1789 jusqu'à nos jours, complément de l'*Histoire de France depuis les temps les plus reculés jusqu'en* 1789, du même auteur. L'ouvrage formera 7 vol. in-8 cav. — Chaque vol. sans grav. 6 fr. ; — avec grav...................... 7 fr.

Le tome VII s'arrêtant en 1871, après la Commune, est sous presse.

*Histoire de France populaire depuis les temps les plus reculés jusqu'à nos jours (1866) 6 vol. grand in-8 jésus, illustrés de 1483 grav. — Prix des 6 vol.................... 48 fr.

*Histoire de la révolution française de 1789 à 1799 ; 2 forts vol. in-16.. 7 fr.

*Jeanne d'Arc. Un vol. in-18 jésus, orné d'une grav. sur acier. 2 fr.

Daniel Manin, dernier président de la République de Venise ; précédé d'un *Souvenir de Manin*, par M. E. Legouvé (de l'Académie française). 1 vol. in-18 jésus, orné du portrait de Manin..... 3 fr. 50

La Russie et l'Europe. 1 beau vol. in-8 cav................. 6 fr.

---

*Précis de l'histoire de la révolution (Mai 1789. — Novembre 1795), par E. Hamel. — *Deuxième édition*, 1 vol. grand in-8.... 7 fr. 50

Histoire des croisades, par Michaud, 4 vol. in-8 cav. 7ᵉ édition, 4 grav. sur acier et une carte........................ 24 fr.

ŒUVRES DE M. A. THIERS

Histoire de la révolution française, 13ᵉ édition, ornée, de 55 grav. sur acier. 10 vol. in-8.................. 60 fr.

Le même ouvrage, 4 vol. grand in-8 jésus, 40 grav. sur acier.. 40 fr.

Le même ouvrage, 8 vol. in-18 jésus.................. 28 fr.

* Le même ouvrage. *Édition populaire*, illustrée de plus de 400 grav. d'après les dessins de Yan' Dargent. 2 forts volumes grand in-8 jésus.................. 22 fr.

Atlas de l'histoire de la Révolution française, 32 cartes et plans gravés sur acier. In-folio cart.................. 16 fr.

Le même atlas. *Édition populaire*, in-4°. Cart.............. 10 fr.

Histoire du Consulat et de l'Empire. 20 vol. in-8 carré, illustrés de 75 grav. sur acier; plus un vol. de table analytique et alphabétique. Les 21 vol. brochés.................. 125 fr.

* Le même ouvrage. *Edition populaire*, illustrée de 350 grav. L'ouvrage complet, 5 vol. grand in-8 jésus.................. 48 fr.

Atlas de l'histoire du Consulat et de l'Empire. 66 cartes ou plans gravés sur acier. In-folio cart.................. 30 fr.

* Le même atlas. *Edition populaire*. In-4°. Cart............ 15 fr.

De la propriété. Un vol. in-8 carré. .... 4 fr.

* Le même ouvrage. Un vol. in-18 jésus.................. 2 fr.

* Sainte-Hélène. Un vol. in-18 jésus.................. 2 fr.

* Waterloo. 2 vol. in-18 jésus.................. 2 fr.

* Congrès de Vienne. Un vol. in-18 jésus.................. 2 fr.

AUGUSTIN THIERRY

Œuvres complètes, 5 v. in-8 cav., ornés de 21 gr. tirées à part. 30 fr.
Chaque ouvrage se vend séparément.................. 6 fr.

Le même ouvrage. 9 vol. in-16.................. 18 fr.

* *Histoire de la conquête de l'Angleterre*, 4 vol........... 8 fr.
* *Lettres sur l'Histoire de France*. 1 vol.................. 2 fr.
* *Dix ans d'Etudes historiques*. 1 vol.................. 2 »
* *Récits des temps mérovingiens*, 2 vol.................. 4 »
* *Essai sur l'histoire du tiers-état*, 1 vol.................. 2 »

Histoire de la conquête de l'Angleterre par les Normands. Un beau vol. grand in-8 jésus, illustré de 35 grav. hors texte........ 10 fr.

GÉOGRAPHIE ET VOYAGES

Introduction à l'étude de la géographie, ou Notions de géographie mathématique et de géographie physique, par un MARIN. Un beau vol. in-16, ill. de 40 grav. et de 4 cartes..................... 3 fr.

Géographie universelle de Malte-Brun, édition entièrement refondue et mise au courant de la science par Th. LAVALLÉE, ancien professeur de l'École militaire de Saint-Cyr. 6 forts volumes in-8 jésus, illustrés de 64 gravures sur acier................. .... 72 fr.

Atlas universel de géographie Ancienne et Moderne, pour servir à l'intelligence de la *Géographie universelle de Malte-Brun* et *Th. Lavallée*. 31 cartes in-folio, coloriées, dressées par A. TARDIEU, revues et corrigées par A. VUILLEMIN. L'atlas cartonné....... .... 16 fr.

Atlas universel de géographie moderne, physique, politique, historique, industriel, commercial et militaire, dressé par MM. BUREAU, HUE et GŒDORP, professeurs de géographie à l'École militaire de Saint-Cyr, revu, pour toutes les cartes générales, par M. MASPÉRO, professeur au Collège de France, et composé de 42 magnifiques cartes imprimées en plusieurs couleurs. Cartonné..... 42 fr.

1. Planisphère.
2. Europe physique.
3. Europe politique.
4. Carte politique de l'Europe centrale.
5. Europe centrale (partie occidentale).
6. — (partie centrale).
7. — (partie orientale).
8. Carte géologique de la région française.
9. Carte physique de la région française.
10. France forestière.
11. France agricole.
12. France météorologique.
13. Formation du territoire français.
14. Carte historique de la région française.
15. France administrative.
16. France militaire.
17. France industrielle et commerciale.
18. Communications rapides du territoire français.
19. Camp retranché de Paris.
20. Frontière du Nord-Est de la France.
21. Carte des places fortes du Nord et de l'Est de la France.
22. Frontière du Sud-Est de la France.
23. Carte des Pyrénées.
24. France (région du Nord-Ouest).
25. Algérie et Tunisie.
26. Colonies françaises.
27. Iles Britanniques.
28. Carte de la Suisse.
29. Italie.
30. Carte physique et militaire des Alpes et du Pô.
31. Carte de la péninsule ibérique.
32. Russie et pays scandinaves.
33. Hongrie et Turquie.
34. Grèce.
35. Caucase et Crimée.
36. Asie.
37. Afrique.
38. Amérique septentrionale.
39. Carte militaire des États-Unis (partie orientale).
40. Carte militaire des États-Unis (partie occidentale).
41. Amérique méridionale.
42. Océanie.

SCIENCE — INDUSTRIE
HISTOIRE NATURELLE — BEAUX-ARTS

* Les merveilles de la science, ou description populaire des inventions modernes, par Louis Figuier, 4 forts vol. grand in-8 jésus, illustrés de 1817 grav. ; broché.................................... 40 fr.
  Chaque volume se vend séparément, broché............ 10 fr.
* Les merveilles de l'industrie ou description populaire des procédés industriels depuis les temps les plus reculés jusqu'à nos jours, par Louis Figuier, 4 vol. gr. in-8 jésus, illustrés de 1380 grav.. 40 fr.
  Chaque volume se vend séparément, broché............ 10 fr.
* Métaux, mines, mineurs et industries métallurgiques, par Émile With. 1 vol. gr. in-8, illustré de 192 grav........... 10 fr.
* Traité élémentaire d'astronomie, par A. Boillot. 2ᵉ *édition*. Un beau vol. in-18, orné de 108 grav. sur cuivre............. 4 fr.

ŒUVRES COMPLÈTES DE BUFFON

Nouvelle édition, avec la classification de Cuvier et des extraits de Daubenton, ornée de 128 planches gravées sur acier, contenant 300 sujets coloriés d'après les dessins de M. Édouard Traviès. 6 vol. grand in-8 jésus....................................... 90 fr.

ŒUVRES DE LACÉPÈDE

Cétacés, Quadrupèdes ovipares, serpents et poissons. Nouvelle édition, précédée de l'éloge de Lacépède par Cuvier, avec notes, et la nouvelle classification de Desmarest. 2 vol. grand in-8 jésus, ornés de 36 planches gravées sur acier d'après les dessins de M. Édouard Traviès, représentant 72 sujets coloriés........ 30 fr.

www.ingramcontent.com/pod-product-compliance
Lightning Source LLC
Chambersburg PA
CBHW060126170426
43198CB00010B/1054